Valerio Pieri

# Brevi appunti di introduzione all'Economia Aziendale

# Indice

# *Premessa*

Il presente volume si rivolge agli studenti universitari che, per la prima volta, senza avere seguito in precedenza un corso monografico di Economia Aziendale, si trovano ad affrontare insegnamenti afferenti all'Economia Aziendale nell'ambito di percorsi di Laurea Triennale o Magistrale. Affinché lo sforzo di sintesi dei concetti essenziali non si trasformi in una seppur involontaria banalizzazione, l'utilizzo di note di rinvio ai contributi di alcuni Maestri dell'Economia Aziendale si pone l'obiettivo di suscitare la curiosità e il desiderio di approfondimento negli Studenti rispetto ad una disciplina e ad insegnamenti che si riscoprono sempre attualissimi.

L'idea di pubblicare, in un formato a minimo costo, alcuni brevi appunti introduttivi all'Economia Aziendale nasce dall'esperienza didattica ormai più che decennale nei corsi di laurea del Dipartimento (ex Facoltà) di Scienze Politiche di Roma TRE.

I corsi di laurea in Scienze Politiche, come capita peraltro anche in altri percorsi di studio, si caratterizzano per una marcata multidisciplinarità. Agli studenti vengono proposti percorsi formativi che combinano discipline molto diverse tra loro: storiche, sociologiche (es. Sociologia generale), linguistiche, giuridiche (es. Istituzioni di diritto pubblico e privato), statistiche, economiche (es. Economia politica, Politica Economica, Scienza delle finanze) e, infine, economico-aziendali (es. Economia Aziendale, Economia delle aziende pubbliche e non profit, Management dei servizi pubblici, Programmazione e controllo delle pubbliche amministrazioni).

A ben vedere, il più importante valore di tali percorsi di studio universitari potrebbe essere riconoscibile proprio nel dotare gli Studenti di tante "lenti" diverse con le quali comprendere e decifrare il mondo che li circonda, con riferimento al passato, al presente e al futuro.

L'Economia Aziendale, per prospettiva di studio, metodi e strumenti, si differenzia profondamente dalle altre discipline, comprese le altre discipline economiche più vicine all'economia classica.

Il presente volume, senza alcuna pretesa di costituire un manuale di Economia Aziendale, vuole fornire agli studenti che si avvicinano per la prima volta alle materie economico-aziendali alcuni elementi teorici necessari a comprendere la prospettiva con la quale l'economia aziendale affronta tematiche che, almeno in parte, gli studenti affrontano anche studiando altre discipline del loro percorso di studi.

Acquisendo preliminarmente una maggiore consapevolezza dei fondamenti dell'Economia Aziendale, gli studenti di corsi di Laurea ad indirizzo non strettamente economico possono comprendere più in profondità gli insegnamenti più avanzati, che talvolta vengono loro proposti senza aver prima seguito corsi monografici di Economia Aziendale.

A conclusione di questa premessa, sia consentito allo scrivente ricordare quanto siano stati importanti, per la stesura del presente volume, gli appunti delle lezioni di Economia Aziendale impartite dal Professor Tiziano Onesti presso l'Università di Roma TRE e presso la LUISS Guido Carli di Roma.

# 1. La Ragioneria e l'Economia Aziendale

Per lungo tempo, la disciplina della *Ragioneria* è coincisa con le determinazioni quantitative d'azienda e con l'espressione "Ragioneria" si identificava sostanzialmente con la sola rilevazione contabile (*accounting*)[1].

Grazie ai contributi di molti studiosi, tra i quali si segnala in particolare l'opera di Gino Zappa e dei suoi allievi diretti e indiretti, la Ragioneria si è evoluta e ampliata, divenendo l'odierna Economia Aziendale.

Il manifesto fondativo dell'Economia Aziendale è identificato nella celebre prolusione *"Tendenze Nuove negli studi di Ragioneria"*

---

[1] La contabilità conserva tuttora un'importanza fondamentale, dal momento che fornisce la grande prevalenza dei dati e delle informazioni necessari per la conduzione delle aziende.

In sintesi, la contabilità si propone di:

- *rilevare i fatti amministrativi*: sostanzialmente ciò avviene con la rilevazione, secondo criteri cronologici o sistematici, degli accadimenti che assumono rilevanza nell'economia dell'azienda e che producono conseguenze economiche e/o finanziarie;

- *determinare i risultati*: in tal modo si dà la possibilità, sia ai soggetti interni sia ai soggetti esterni all'azienda, di seguire l'andamento gestionale dell'azienda medesima. I possibili aspetti dei risultati aziendali sono molteplici: costi/ricavi e risultato economico, entrate/uscite finanziarie e cash flow, ...;

- *analizzare e interpretare i risultati e i fatti amministrativi*: ciò consente, fra l'altro, di verificare se la gestione dell'impresa è stata efficace, efficiente e/o conforme ai piani in precedenza formulati. L'interpretazione può avvenire con varie modalità, tra le quali, ad esempio, l'analisi degli scostamenti tra le previsioni e i risultati effettivamente conseguiti.

(Zappa, 1927), pronunciata dallo Zappa nel 1926 in occasione dell'inaugurazione dell'anno accademico dell'Università "Ca' Foscari" di Venezia.

Nella concezione di Gino Zappa, l'Economia Aziendale non è una disciplina a sé stante, ma si posiziona nell'ambito delle scienze economiche, e trova il proprio fondamentale oggetto di studio *"nelle condizioni di esistenza e delle manifestazioni di vita delle aziende"*[2], unificando lo studio della rilevazione con quello della gestione e dell'organizzazione.

Le scienze economiche, riprendendo la celebre definizione formulata dall'economista britannico Lionel Robbins, studiano l'aspetto economico del comportamento umano, inteso come la relazione tra finalità molteplici e mezzi scarsi aventi molteplici possibili utilizzi alternativi[3].

In altri termini, rientrano nel campo di studio delle scienze economiche quegli aspetti del comportamento umano in cui si verificano contemporaneamente le seguenti condizioni[4]:

---

[2] Afferma lo Zappa: «La scienza che studia le condizioni di esistenza e le manifestazioni di vita delle aziende, la scienza ossia dell'amministrazione economica delle aziende, insomma l'economia aziendale è dunque la nostra scienza...La costituzione in un'unica scienza di ogni dottrina che indaghi il contenuto economico della vita aziendale, si riconnette nella mente nostra alla nozione stessa di azienda, alla nozione ossia di quella coordinazione economica in atto, che è istituita e retta per il soddisfacimento di bisogni umani. Ci appaiono i fenomeni svariatissimi, ed in apparenza eterogenei, nei quali si manifesta la multiforme vita aziendale, come idealmente scaturiti da un'unica polla. Le varie teorie ci si rivelano come logicamente animate da un medesimo spirito. I risultati delle indagini particolari si ricompongono per noi, si ordinano in un solo centro unitario, e favoriscono più salde interpretazioni di quei fatti, che troppo spesso alla mente si presentavano senza apparenti armonie. Anche nell'economia aziendale, specialmente nella parte generale, appare necessaria la distinzione tra ciò che è sistema di cognizioni, ciò che è norma di vita e ciò che è strumento per giungere alla comprensione. Di qui in particolar modo la distinzione tra lo studio della gestione, lo studio dell'organizzazione e quello della rilevazione" (Zappa, 1927), p. 30-31.

[3] «Economics is the science which studies human behaviour as a relationship between ends and scarce means which have alternative uses». (Robbins, 1932), p. 15.

1. i fini/scopi da realizzare sono molteplici;
2. tali fini/scopi hanno differente rilevanza e sono classificabili[5] in ordine di importanza;
3. i mezzi a disposizione per realizzare i fini/scopi sono scarsi rispetto ai bisogni;
4. i mezzi sono suscettibili di usi alternativi, nel senso che possono essere impiegati per soddisfare bisogni differenti.

Se manca una sola delle predette condizioni, non esistono aspetti del comportamento umano suscettibili di studio da parte delle scienze economiche.

Consapevole delle difficoltà, da parte della teoria economica classica, di interpretare il concreto dispiegarsi di produzioni e consumi, di risparmi e investimenti, Zappa assegna, esplicitamente, all'Economia aziendale il compito di avviare "*una nuova e caratteristica comprensione dei fenomeni economici*", di quei fenomeni, cioè, che, seppure non possono essere "*palesati dal solo studio dell'Economia di Azienda*", hanno, però, "*nelle aziende molte delle loro più diffuse e cospicue espressioni*"(Zappa, 1957).

L'Economia aziendale, nel proposito del suo fondatore, si propone di integrare e contribuire alla comprensione di fenomeni di più ampia

---

[4] Cfr.(Zanda, 2004), cap. 1.

[5] Nel presentare tale definizione, è doveroso precisare che non sempre le scienze economiche dispongono di mezzi e strumenti sufficienti per ordinare gerarchicamente i fini e scopi da realizzare. Si possono verificare sono molteplici casi in cui la gerarchia di tali fini e scopi non può che discendere da valutazioni di carattere etico. In tali circostanze, particolarmente frequenti nel contesto delle aziende e amministrazioni pubbliche, le scienze economiche possono solo limitarsi a contribuire con fondati elementi informativi al più ampio processo che conduce a valutazioni di natura etica, politica, morale o antropologica. Quello che si vuole evocare - ma lasciando necessariamente alla curiosità del lettore solo alcune parole chiave che possano avviarlo nello sforzo di approfondimento - è il dibattito mai concluso sul rapporto tra etica ed economia, sulla differenza tra economia positiva ed economia normativa, sulle dinamiche note come economicizzazione e commercializzazione.

portata, muovendo la propria dimensione di privilegiato di osservazione come il funzionamento stesso dei sistemi economici aperti e dei flussi di produzioni, consumi, risparmi e investimenti, di cui l'azienda è soggetto partecipe e attivo.

Giova sottolineare infine che l'Economia Aziendale, come le altre scienze economiche, si colloca tra le scienze sociali, mirando alla comprensione del comportamento umano e delle relazioni interpersonali tra gli individui che costituiscono l'organizzazione aziendale e tra questi e la collettività[6].

Per un approfondimento sull'argomento del percorso evolutivo dell'economia aziendale in Italia, nonché sull'oggetto e il metodo degli studi di economia aziendale si rinvia alla vasta letteratura sull'argomento[7].

---

[6] Il Borgonovi sottolinea la natura intrinsecamente teleologica delle scienze sociali «nel senso che esse non possono avere contenuto conoscitivo fine a se stesso, ma influenzano inevitabilmente l'evoluzione dei sistemi sociali. Infatti, lo studioso, nel momento in cui seleziona certi elementi di indagine rispetto ad altri, costruisce un sistema di conoscenze che influenza i comportamenti delle persone che entrano in contatto con le sue teorie e i suoi paradigmi». Borgonovi, 1996, p. 12.
[7] Tra i vari lavori, si segnalano: Antonio Amaduzzi, 2004; Cavalieri, 2009; Giannessi, 1980; Onesti, 2004; Onida, 1951; Tessitore, 2009.

## 2. L'azienda

L'oggetto di studio dell'economia aziendale è costituito dall'azienda, che può essere definita, secondo lo Zappa, come un: «istituto economico atto a perdurare che, per il soddisfacimento dei bisogni umani, ordina e svolge in continua coordinazione, la produzione o il procacciamento o il consumo della ricchezza» (Zappa, 1957).

Sulla definizione di azienda, si possono ricordare, tra gli altri, i contributi dell'Onida, del Ferrero e del Giannessi e dell'Amaduzzi[8].

Per l'Onida, l'azienda è «un complesso economico che, sotto il nome di un soggetto giuridico ed il controllo di un soggetto economico, ha vita in un sistema continuamente rinnovantesi e mutevole di operazioni attuabili mercé una duratura, sebbene non rigida, organizzazione di lavoro, per la soddisfazione dei bisogni umani, in quanto questa richieda produzione o acquisizione e consumo di beni economici» (Onida, 1954)[9].

Il Ferrero afferma che «l'azienda, tenuto conto della sua funzione economica, (...) può essere correttamente concepita come lo strumento dell'umano operare in campo economico» (Ferrero, 1968)[10]

---

[8] Per un quadro del pensiero economico-aziendale alla metà del Novecento, si rinvia a Coronella S. & Laghi E. (2015)

[9] p.11. Anche (Onida, 1971), pp. 3-5.

[10] p.4.

Il Giannessi definisce l'azienda quale «unità elementare dell'ordine economico-generale, dotata di vita propria e riflessa, costituita da un sistema di operazioni promanante dalla combinazione di particolari fattori e dalla combinazione di forze interne ed esterne, nel quale i fenomeni della produzione, della distribuzione e del consumo vengono predisposti per il conseguimento di un determinato equilibrio economico, a valere nel tempo, suscettibile di offrire una remunerazione adeguata ai fattori utilizzati e un compenso, proporzionale ai risultati raggiunti, al soggetto economico per conto del quale l'attività si svolge»(Giannessi, 1979)[11].

Sul problema di definire l'azienda, infine, è interessante riportare il pensiero dell'Amaduzzi: «Dare una definizione sintetica dell'azienda, che nei suoi termini richiami tutti i suoi aspetti di contenuto, di soggetti che vi operano, di confini nell'ambito del mondo economico, di svolgimento evolutivo nel tempo, di aprioritismo indeterministico dei suoi piani, ecc., non è forse possibile. Perciò è opportuno tenere presente che il concetto di azienda, di primissimo ordine perché segna il campo, i confini, le parentele del nostro compito scientifico, può essere acquisito a poco a poco, mano mano che ci s'inoltra nello studio» (Aldo Amaduzzi, 1978)[12].

I vari tentativi di definizione dell'azienda è contribuiscono, da diverse prospettive, a metterne in luce i caratteri distintivi, che vengono di seguito brevemente compendiati.

L'azienda è un "istituto"

---

[11] pp.10-11.
[12] p. 18.

L'azienda è un complesso coordinato di elementi complementari; non è una massa dissociata, ma un sistema di elementi avvinti da complementarità.

Tale caratteristica dell'azienda, che come si dirà più avanti esige l'adozione di un approccio di studio di tipo *sistemico*, viene definita dall'Onida con l'espressione *unità nella molteplicità*: « *l'azienda, nel sistema delle svariatissime operazioni d'esercizio, nell'organizzazione del lavoro, nella riunione di tutti i fattori cooperanti a comuni fini, costituisce o tende a costituire un complesso esteso nello spazio e nel tempo e nel quale elementi molteplici operano avvinti da relazioni di complementarità, di connessione, d'interdipendenza*». (Onida, 1971)[13].

L'azienda ha carattere "economico"

Nell'azienda si prendono decisioni economiche rivolte all'adattamento dei mezzi scarsi a disposizione rispetto ai molteplici fini da raggiungere.

L'impostazione e la soluzione dei problemi sono possibili solamente, con appropriato metodo, alla luce della logica economica (Aldo Amaduzzi, 1978)[14].

L'azienda è duratura

L'azienda è destinata a vivere a lungo e a sopravvivere al di là della vita fisica delle persone e dei beni che la compongono.

Osserva l'Onida (Onida, 1971): «*L'azienda, nella sua vita, trascende i singoli momenti del suo operare e le sue singole*

---

[13] p. 4.
[14] p. 19.

*molteplici manifestazioni, tutto unificando – nonostante la variabilità e la mutabilità degli elementi - in un principio vitale che sempre esige dai singoli momenti e dalle singole manifestazioni, la conservazione e il potenziamento dell'azienda, contro la frattura e l'indebolimento*»[15]. L'Onida sintetizza questa caratteristica delle aziende con l'espressione "*permanenza nella mutabilità*", affermando che «*la sintesi di permanenza e di mutabilità si realizza nell'azienda similmente quasi a quanto accade negli organismi viventi che perdurano nonostante l'assiduo mutare di ogni elemento costitutivo: col trascorrere del tempo tutto si rinnova o può rinnovarsi nella azienda; cose e persone possono mutare: ma la vita di relazione fra gli elementi del complesso e fra il complesso e il mondo esterno continua, finché l'azienda non si liquidi e il complesso non si dissolva*»[16]

Considerato l'orizzonte lungo o lunghissimo di vita dell'azienda[17], tutte le decisioni aziendali dovrebbero essere orientate al lungo o al

---

[15] p. 5. L'Amaduzzi sottolinea che la destinazione a durare dell'azienda è da ritenersi come un «*concetto di tendenza*», precisando che «*non deve escludersi la fase economica della liquidazione o cessazione dell'istituto*». (Aldo Amaduzzi, 1978), p. 26.

[16] p. 4-5.

[17] La rivista americana *Family Business*, specializzata in aziende familiari, ha stilato la classifica delle imprese familiari più antiche del mondo. Tra queste, figurano numerose aziende italiane. La più antica azienda del mondo è la *Houshi Onsen* giapponese, un albergo-struttura termale guidato dalla stessa famiglia sin dal 718. Secondo la leggenda, venne fondata da un monaco buddista in un luogo indicatogli dal dio del Monte *Hakusan*. Questa azienda ha superato la *Kongo Gumi*, società edile specializzata in costruzione di templi buddisti e nata nel 578, che nel 2006 è stata venduta al gigante delle costruzioni *Takamatsu*. Al secondo posto, a pari merito, si collocano la Pontificia Fonderia Marinelli di Agnone (Isernia), la fonderia delle campane del Papa, e la francese cantina *Chateau de Goulaine*, nate entrambe nell'anno 1000. Altre imprese familiari italiane sono al quarto posto: la Barone Ricasoli, produttrice di vino e olio d'oliva nata a Siena nel 1141 e al quinto: la Barovier & Toso, di Murano (Venezia) fondata nel 1295 (nel 1936 i Barovier si fusero con i Toso). Altre imprese nazionali figurano all'ottavo posto (la Torrini, produttrice di gioielli e fondata nel 1369), al nono (la cantina Antinori, produttrice di vino dal 1385) e al decimo (la Camuffo di Portogruaro, azienda costruttrice di imbarcazioni dal 1438 e nata nel porto veneziano di Khanià a Creta).

lunghissimo periodo.

In proposito, con riferimento alle imprese, il Coda approfondisce il concetto del c.d. orientamento strategico di fondo, dal quale discende la capacità dell'impresa di sopravvivere nel tempo: «*Un orientamento strategico di lungo periodo assume come valore centrale lo sviluppo dell'impresa; ma questo non può ottenersi senza un profitto dalle solide basi, che scaturisce da una superiore capacità di competere sul mercato e di attrarre risorse e che è prioritariamente destinato ad alimentare tale capacità e lo sviluppo che ne consegue. La produzione di un profitto così concepito, a sua volta, presuppone lo svolgersi di un progetto d'impresa di vasto respiro a tal fine reindirizzato, che sia l'espressione:*

- di una continua ricerca di consonanza fondata sui principi di servizio del cliente e di rispetto e valorizzazione delle risorse;

- di una costante salvaguardia dell'autonomia aziendale e dell'economicità della gestione;

- di un apprendimento diffuso finalizzato ad una eccellenza di prestazioni, individuali e aziendali;

- di un bisogno di trasparenza, quale si conviene ad un progetto che, per ottimizzare l'efficacia realizzativa, esige dagli interlocutori interessati un'adesione convinta e matura» (Coda, 1988) [18].

L'azienda è finalizzata al soddisfacimento, diretto o indiretto, di bisogni umani.

Osserva il Caramiello: «nell'aspetto della produzione si parla di soddisfacimento indiretto dei bisogni: poiché in questa fase vengono approntati i beni che poi serviranno al soddisfacimento dei bisogni stessi. Nell'aspetto del consumo si parla di soddisfacimento diretto

---

[18] p. 262.

dei bisogni: poiché in questa fase i beni vengono destinati al soddisfacimento dei bisogni stessi (…) Possiamo dire che l'azienda è l'unità operativa mediante la quale i gruppi umani attuano la produzione dei beni, al fine del soddisfacimento dei bisogni» (Caramiello, 1993).

E' bene sottolineare che il finalismo aziendale è da intendersi nel senso più generale possibile (bisogni dei soci, dei finanziatori, dei clienti, dei dipendenti, dei beneficiari, della comunità in cui opera l'azienda, ecc.) e non coincide con il mero profitto.

# 3. Il comportamento aziendale[19]

Alla base di ogni comportamento del sistema aziendale, vi è una decisione. Il processo decisorio orienta il processo esecutivo e quest'ultimo richiede un processo di controllo, che ha lo scopo di verificare se l'azione è conforme alla decisione. Dal processo di controllo discende il processo di *feed-back* o di correzione, che può agire sia sul processo decisorio, sia sul processo esecutivo (Zanda, 2004).

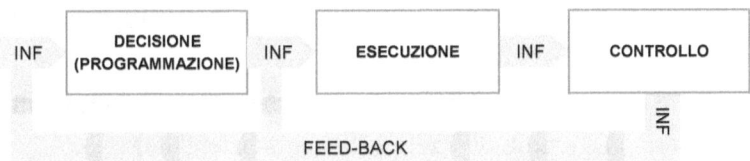

## 3.1. Il processo decisionale

Le decisioni aziendali sono alimentate dalle informazioni disponibili, che riguardano sia l'ambiente interno, sia l'ambiente esterno all'azienda[20].

---

[19] Cfr., cap. I.
[20] Cfr., anche per il prosieguo, (Zanda, 2004), cap. I. Per un approfondimento sulla logica e sugli sviluppi del processo decisorio, si rinvia a: (Caselli, 1966; Mella, 1999; Sciarelli, 1967).

Secondo il Dewey, il processo decisionale si articola in diverse fasi, che possono essere cosi schematizzate[21]:

1) individuazione del problema;

2) definizione del problema, con la raccolta di informazioni, sia all'interno che all'esterno del sistema aziendale, per capire quali siano le cause e i lineamenti del problema, con particolare attenzione agli eventuali vincoli e agli obiettivi; si noti che, com'è ovvio, non si può parlare di decisione se non esistono alternative ad un unico comportamento obbligato;

3) sviluppo delle soluzioni alternative che siano reputate praticabili, cioè idonee a risolvere il problema;

4) individuazione degli scenari associabili a ciascuna alternativa praticabile. In relazione ad ogni soluzione alternativa si tenta di determinare le presumibili conseguenze;

5) scelta dell'alternativa più conveniente in base ad un prefissato sistema di criteri.

Per lo studio del processo decisionale vengono utilizzati due modelli fondamentali:

- il modello della «*razionalità obiettiva*», che, come si dirà, risulta del tutto inadatto allo studio del comportamento aziendale;

- il modello della «*razionalità limitata*», le cui fondamenta teoriche si rinvengono negli studi del Simon (insignito del premio Nobel per l'Economia nel 1978), cui fa capo quella che viene meglio conosciuta come la "Teoria del comportamento amministrativo"[22].

---

[21] Cfr. (Dewey, 1936 (disponibile online sul sito www.archive.org), 1938 (disponibile online sul sito www.archive.org)).

[22] Si vedano: (Simon, 1958, 1978, 1985). Si veda, inoltre: (March & Simon, 1966). (ult. ed. Etas, 2003). Al riguardo, si menziona l'efficace analogia, proposta dal Simon, tra l'uomo che deve prendere una decisione di carattere economico e il giocatore di scacchi che deve decidere la mossa da compiere.

Nel modello della razionalità obiettiva, al quale si è ispirata la teoria economica neoclassica, il protagonista dell'azione decisionale, cioè l'artefice delle decisioni, è il c.d. "uomo economico".

L'uomo economico ha la particolarità di essere onnisciente, perfettamente razionale e in grado di scegliere sempre l'alternativa ottima. Più precisamente, l'uomo economico individua tutti i problemi, li definisce in modo perfetto, prefigura tutte le alternative e tutte le conseguenze associabili a ciascun possibile scenario e quindi opta per l'alternativa ottima in senso oggettivo.

Si tratta, evidentemente, di un modello astratto, distante dalla realtà concreta e che non appare in grado di spiegare pienamente né il comportamento umano né, tanto meno, l'effettiva conduzione delle scelte aziendali[23].

Il modello della «razionalità limitata», sviluppato dal Simon, costituisce invece il modello di riferimento per la scienze economico-aziendali, in quanto esso dimostra un grado ben maggiore di aderenza alla realtà dei fatti ai fini dell'analisi del comportamento delle aziende.

Secondo questo modello, il protagonista dell'azione decisionale è il c.d. "uomo amministrativo", il quale, dotato di informazioni e capacità analitiche limitate, non perviene a scelte ottimali, ma sceglie l'alternativa ritenuta soddisfacente. Il suo comportamento è solo limitatamente razionale perché, di fatto, si discosta dal modello di razionalità obiettiva[24].

Più in dettaglio, ripercorrendo le varie fasi del processo

---

[23] Si tratta di limiti che permangono, secondo il Simon, anche in quelle che possono essere considerate delle evoluzioni del modello dell'uomo economico, cioè la teoria dei giochi, sviluppata dal Von Neumann e dal Morgenstern (von Neumann & Morgenstern, 1947), e la teoria statistica delle decisioni, dovuta a Neyman, Pearson, Wald e ad altri ancora. Cfr. (Simon, 1958), p. 25.

[24] «La teoria amministrativa è squisitamente teoria della razionalità intenzionale e limitata, la teoria cioè del comportamento dell'uomo che, non avendo la possibilità di massimizzare, ricerca una soluzione sufficientemente buona». (Simon, 1958), p. 21-22.

decisionale secondo il modello della razionalità limitata, si osserva che l'uomo amministrativo[25]:

1) ha una limitata capacità di individuare i problemi: coglie e affronta solo alcuni dei problemi che si presentano nel corso del tempo;

2) la sua definizione dei problemi non sempre è completa, perché non dispone del tempo e dei mezzi necessari per raccogliere tutte le informazioni esistenti sul problema[26];

3) non conosce tutte le soluzioni alternative, perché le capacità della sua mente e la sua immaginazione non gli consentono di identificare tutti i comportamenti possibili. In proposito, giova ricordare che le alternative da sviluppare possono essere molteplici e, inoltre, che esistono fattori (tempo, disponibilità di informazioni e di risorse) che possono ostacolare lo sviluppo delle alternative e che riducono notevolmente il numero delle opzioni praticabili; l'identificazione dei vari corsi d'azione alternativi, infatti, è il prodotto di una vera e propria attività di ricerca;

4) nel determinare le presumibili conseguenze di ogni soluzione alternativa, egli incontra ostacoli assai significativi che non gli consentono di cogliere tutte le conseguenze possibile di una scelta, dal momento che esse sono potenzialmente in numero illimitato e possono manifestare i propri effetti lungo un orizzonte temporale molto lungo.

5) scelta dell'alternativa più conveniente in base ad un prefissato sistema di criteri[27].

---

[25] Cfr. (Zanda, 1974), p. 346-363

[26] Si ricordino, in proposito, anche gli studi sula relazione tra costo delle informazioni ed inefficienza dei mercati finanziari svolti da Grossman e Stiglitz. (Grossman & Stiglitz, 1976, vol.66, 1976, pp. 246-253; 1980, vol.70, 1980, pp. 393-408).

[27] Una volta che la scelta sia stata compiuta, essa diviene il presupposto di nuovi processi decisionali, tesi a definire gli aspetti di dettaglio relativi alla sua esecuzione.

L'attenzione degli individui che operano con diversi ruoli all'interno delle aziende (o che dall'esterno operano su di esse un'attività di indirizzo o di controllo di qualche tipo) tendono a concentrarsi soprattutto sulla fase di scelta vera e propria, trascurando il fatto che la razionalità di tale scelta riposa soprattutto sulla qualità delle informazioni disponibili, che a sua volta discende dagli sforzi profusi nello svolgimento delle fasi precedenti dell'unitario processo decisionale.

Nello studiare il processo decisionale e nel valutare la qualità delle decisioni, occorre ricordare che:

- la razionalità di una decisione dipende dalle informazioni disponibili e reperibili; riprendendo una felice espressione del Simon, la decisione è come "*un grande fiume che deriva dai suoi molti affluenti le premesse che concorrono a formarlo*". Queste premesse sono rappresentate proprio dalle informazioni disponibili e reperibili;

- tutte le decisioni aziendali sono caratterizzate da condizioni di incertezza e di rischio[28];

- le informazioni non sono liberamente, gratuitamente e immediatamente disponibili, ma devono essere ricercate, elaborate, trasmesse, analizzate, interpretate per potere essere utilizzabili[29].

- più che a coloro ai quali è assegnato formalmente il potere di

---

[28] Sulla definizione di rischio e sulla sua correlazione con il sistema delle decisioni, osserva il Bertini: «la rappresentazione dei fenomeni in sede di formulazione dei programmi nasce, pertanto, nella piena consapevolezza di errare; l'ipotesi che ne deriva, fondandosi su di una 'possibilità di errore', è cioè destinata a discostarsi dagli andamenti reali della vita aziendale. Tale possibilità di scostamento tra ipotesi e realtà costituisce il fondamento della problematica del rischio aziendale». (Bertini, 1969 (ult. ed. 1987 per i tipi della Giuffré)), p.5. Sui rischi aziendali si vedano anche: (Cavalieri, 1995; Dezzani, 1971); (Di Lazzaro, 1990).

[29] Si rinvia agli studi sui costi dell'informazione e sulle c.d. asimmetrie informative. Per i contributi su questo tema, nel 2001 gli economisti statunitensi George Akerlof, Michael Spence e Joseph E. Stiglitz sono stati insigniti del Premio Nobel per l'Economia.

decidere, nelle aziende il supremo potere appartiene di fatto a chi governa e possiede le informazioni e può selezionare quali informazioni fornire a chi dispone del potere formale di decidere; se un soggetto è in grado di presidiare/controllare le prime 4 fasi del processo decisionale, infatti, gli basta conoscere i criteri che chi ha il potere formale di scegliere adotterà nella fase di scelta per riuscire, nella sostanza, a impossessarsi del potere di scelta[30];

- la qualità e l'efficacia dei processi di decisione, oltre che di esecuzione e di controllo, sono influenzate dagli obiettivi, dalle motivazioni e dalle capacità delle persone che ricoprono i vari ruoli organizzativi, dalle strutture organizzative effettivamente adottate, dagli stili di direzione sviluppati dai *manager*, nonché dal tipo e dalla qualità degli strumenti e delle procedure adottate per creare, ricercare, elaborare e trasmettere le informazioni, che costituiscono la materia prima delle decisioni, delle azioni e dei controlli.

## 3.2. Il processo esecutivo

Una volta che le decisioni sono formulate, segue il processo esecutivo: dalle decisioni discendono azioni e risultati concreti.

Il processo esecutivo che si può ulteriormente identificare come un processo di decisione, esecuzione, controllo e feed-back di ordine inferiore al primo, che si orienta alle modalità di esecuzione della decisione presa al livello decisionale più elevato.

Sviluppando questa osservazione, emerge che le decisioni possono

---

[30] Ad esempio, questo può accadere facilmente nelle aziende pubbliche, nelle quali i tecnici sono padroni delle informazioni e potrebbero facilmente sostituirsi di fatto ai politici, facendo venir meno un importante meccanismo di funzionamento dei sistemi democratici. Questo è uno dei motivi alla base del c.d. *spoil system*: pur con le specificità e le tutele tipiche dei contratti di lavoro pubblici, al politico viene data la possibilità di circondarsi di tecnici di sua fiducia, che – tra le altre cose - gli forniranno informazioni neutrali.

essere ordinate in una gerarchia decrescente di importanza, che vede al vertice le *decisioni strategiche*, cui conseguono le *decisioni tattiche* e, al livello più basso, *le decisioni operative*.

Decisioni strategiche:
- soggetti: normalmente sono di competenza del vertice aziendale;
- Tempi: non dovrebbero essere decisioni frequenti: la stessa decisione di tipo strategico di norma non viene rivista a breve; l'orizzonte temporale di riferimento della decisione è lungo o molto lungo;
- Oggetto: di solito sono implicati le funzioni direzionali;

Decisioni tattiche:
- Soggetti: management/dirigenti
- Tempi: generalmente inferiore all'anno
- Oggetto: riguardano intere funzioni operative/tecnologiche

Decisioni operative:
- Soggetti: tutti le persone che operano nell'azienda prendono decisioni operative, nei limiti dei poteri conferiti
- Tempi: vengono prese continuamente;
- Oggetto: riguardano singole operazioni o gruppi di operazioni non particolarmente complessi. Sovente, si tratta di decisioni che presentano una certa ripetitività e facilmente si prestano ad essere regolamentate formalmente, almeno nelle loro linee generali, nell'ambito dei mansionari (se riguardano singoli ruoli

organizzativi) o procedure organizzative scritte (se riguardano più persone dell'organizzazione).

Affinché il comportamento di un'azienda sia razionale, occorre che siano verificate le seguenti condizioni:
- che le decisioni operative rispettino le decisioni tattiche prese in precedenza;
- che le decisioni tattiche rispettino le decisioni strategiche;
- che le decisioni strategiche si muovano nel solco segnato dalle finalità di fondo assegnate all'azienda.

## 3.3. Il processo di controllo

La decisione e l'azione necessitano del processo di controllo; senza il processo di controllo l'attività non è razionale: l'azienda procede senza una verifica della rotta programmata

Nel modello in commento, il processo di controllo consiste nel confronto fra decisione e azione, con la misurazione e l'analisi degli eventuali scostamenti tra quanto si era previsto in sede di decisione e quanto si è effettivamente realizzato in sede di esecuzione. Se lo scostamento è contenuto entro certi limiti di tolleranza, non si interviene, mentre, in caso contrario, si analizzano sistematicamente le cause degli scostamenti.

Una volta individuate le cause degli scostamenti, scatta il feed-back o azione di correzione. Il controllo e l'avvio dell'azione di retroazione (che fa parte integrante del controllo) configurano un processo che si manifesta continuamente (a scadenze molto ravvicinate) nella vita dell'ente: quanto ravvicinato nel tempo, tanto più è razionale il suo comportamento.

Il controllo consente all'ente di adattarsi prontamente ed

efficientemente alle variazioni dell'ambiente esterno e ai cambiamenti interni dell'organizzazione.

# 4. L'approccio sistemico allo studio delle aziende

Solo concependo l'azienda come sistema, si riesce a ben capire e a individuare quelle variabili che ne determinano il funzionamento.

Seguendo un approccio di tipo «sistemico»[31], capace di tener conto sia delle relazioni di complementarità, di connessione e d'interdipendenza tra i molteplici elementi che compongono l'azienda[32]

[31] Tra i più importanti contributi che hanno concorso a sviluppare in Italia gli studi sull'azienda secondo l'approccio «sistemico», si vedano: (Aldo Amaduzzi, 1972, n.1, 1972; 1978; Ant. Amaduzzi, 1975; Bertini, 1980, 8-9, anno III, 1980; 1990; Caramiello, 1993; Cassandro, 1979; Coda, 1988; Ferrero, 1987; Fontana, 1981; Giannessi, 1960; Golinelli, 2000; Masini, 1979; Onida, 1971; Paganelli, 1976; Saraceno, nona edizione, 1978; Sarcone, 1997; Sciarelli, 1991; Superti Furga, 1971; Zanda, 1974; Zappa, 1957). In proposito, va ricordato che il primo studio organico e completo sulla teoria dei sistemi si deve al Von Bertalanffy, il quale individua nel «sistema», definito come «una combinazione di parti riunite in un tutto», l'elemento unificante dell'analisi scientifica e il perno del nuovo approccio metodologico. Per la formulazione completa della teoria dei sistemi: (Von Bertalanffy, 1968).

[32] Osserva l'Onida: «Anche nel solo aspetto economico, ogni operazione acquista il suo pieno significato unicamente nel sistema di gestione che la esprime, nel contesto economico che la regge. Ogni operazione, invero, riflette in se stessa, più o meno vivamente, l'unità e l'unicità dell'azienda nella quale ha vita. In un certo senso, si potrebbe dire, con immagine forse non eccessivamente ardita, che in ogni operazione dell'azienda è tutta l'azienda, come in ogni atto dell'uomo è tutto l'uomo. Vana sarebbe quindi la pretesa di studiare le operazioni di gestione nel loro significato economico, dimenticando o ignorando l'azienda, nella sua complessa e dinamica economia». (Onida, 1971), p.5. Anche il Giannessi esprime il medesimo concetto: «l'azienda è anche un sistema operativo nel senso che le operazioni da cui essa è composta non sono slegate, non hanno cioè vita autonoma, ma sono avvinte da una serie di nessi e connessi, di rapporti di causa ad effetto, di concausa e di effetto molteplice di cui non è possibile effettuare una consapevole discriminazione». (Giannessi, 1969), p. 520.

, sia dei rapporti che il complesso aziendale intrattiene con l'ambiente circostante[33], l'azienda si definisce un sistema «*aperto, finalizzato, eccessivamente complesso, probabilistico, dotato di particolari forme di regolazione e capace di influenzare l'ambiente*» (Zanda, 1974)[34].

L'azienda è un sistema «aperto», in quanto scambia informazioni, materiali ed energia con l'ambiente che la circonda; essa non si limita a subirne passivamente le forze, ma essa è anche «capace di influenzarlo», seppure con intensità diversa a seconda della sua dimensione e delle peculiarità dei mercati in cui esplica le proprie operazioni gestionali[35].

Nell'approcciare allo studio dell'azienda, inoltre, occorre considerarne il suo carattere di «*eccessiva complessità*», che discende dall'elevato numero di elementi di cui si compone, avvinti tra loro da relazioni dinamiche che appaiono estremamente complicate, non facilmente e completamente determinabili e non sufficientemente descrivibili. Le interazioni tra gli elementi del sistema, inoltre, non sono stabili e non si manifestano sempre e invariabilmente allo stesso modo, per cui il comportamento dell'azienda non può essere determinato o previsto in modo esatto e inequivocabile, ma solo su base «probabilistica».

L'azienda è inoltre un sistema «finalizzato», dal momento che essa è creata e mantenuta in vita dall'uomo per la realizzazione di particolari obiettivi e i suoi elementi costitutivi e i suoi processi

---

[33] Sul sistema delle relazioni azienda-ambiente, si vedano: (Bertini, 1990, p. 81 e ss.; Coda, 1988, p. 11 e ss.; Ferrero, 1987, cap. IV; Sciarelli, 1991, cap.1). Sull'evoluzione, in chiave strategica, del concetto di confine tra l'azienda e l'ambiente esterno, si veda: (Garzella, 2000), pp. 3-46.

[34] p.222. Per il prosieguo, cfr. pp. 222-232.

[35] Sulle scelte aziendali in relazione all'ambiente esterno, osserva il Coda che «possono essere informate a logiche di adattamento ai mutamenti ambientali in atto oppure a logiche imprenditoriali così innovative che, mentre imprimono un nuovo corso alla vita aziendale, contribuiscono alla creazione di un ambiente per certi aspetti 'nuovo'». (Coda, 1988), p. 12. Si veda anche: (Angiola, 2001).

necessitano di essere impostati, organizzati, attuati e regolati in senso teleologico. In particolare, l'operare di «*processi regolativi*» rende possibile il conseguimento delle finalità dell'azienda, consentendole sia di far tendere i particolari comportamenti dei suoi elementi interni agli obiettivi verso i quali è orientata, sia di adattarsi ai fenomeni che si dispiegano nell'ambiente esterno.

L'economia aziendale distingue tre principali sub-sistemi all'interno dell'unitario sistema aziendale:

A) il "sistema delle persone" che rimanda allo studio dell'organizzazione aziendale (ruoli, linee d'influenza/coordinamento, ...);

B) il "sistema dei beni" che rinvia allo studio del patrimonio e del capitale;

C) il "sistema delle operazioni" che comporta lo studio della gestione aziendale.

## *4.1.Il sistema delle persone: l'organizzazione*[36]

Il governo del sistema aziendale è compito molto arduo: le organizzazioni produttive sono infatti pervase dalla tendenza all'«*entropia positiva*», ossia dalla propensione:

- al disordine;

- alla disgregazione della struttura formale;

- alla sostituzione degli obiettivi organizzativi con quelli personali.

Tale tendenza si incrementa progressivamente insieme alla crescita dimensionale dell'azienda, allo sviluppo della scienza e della

---

[36] (Zanda, 2004), cap. II e VII.

tecnologia, mano a mano che i mercati di approvvigionamento, di sbocco, dei capitali, del lavoro e l'azione degli enti istituzionali divengono più dinamici e meno prevedibili.

Il vertice aziendale si adopera fattivamente a fronteggiare la situazione ora esposta: tenta cioè di eliminare o di attenuare, nella maggior misura possibile, l'inevitabile tendenza all'«entropia positiva».

Pertanto, introduce un insieme di provvedimenti amministrativo-organizzativi al fine di:

1. mettere in grado i componenti il sistema aziendale di agire in una situazione informativa che consenta loro di porre in essere decisioni, controlli ed azioni di qualità soddisfacente;

2. permettere al vertice aziendale di operare in un contesto organizzativo ordinato e relativamente stabile, in cui ciascun individuo possa concentrare le sue energie su un compito particolare e possa crearsi stabili aspettative circa la condotta dei membri con cui collabora;

3. collegare e di armonizzare le decisioni e gli atti dei vari organi e di renderli compatibili e funzionali rispetto alle finalità generali dell'impresa.

Le fasi successive in cui si può suddividere il processo di creazione della struttura dell'organizzazione possono essere riepilogate come segue:

1. Individuazione degli obiettivi da raggiungere;

2. Determinazione delle funzioni da svolgere per conseguire gli obiettivi programmati;

3. Scomposizione e/o ricomposizione delle funzioni, in modo da creare ruoli omogenei da assegnare alle persone;

4. Specificazione, per iscritto, per ogni ruolo, dei compiti, delle

responsabilità e dei poteri da assegnare alle persone;

5. Definizione delle linee di influenza (nel documento detto *mansionario*).

Mediante queste fasi, si perviene alla definizione della struttura organizzativa.

Per completare il *processo organizzativo* occorrono infine le seguenti fasi:

6. la definizione delle regole di funzionamento dell'organizzazione (le c.d. procedure organizzative), che possono avere un livello variabile di formalizzazione (per formalizzazione si intende, ad esempio, la stesura per iscritto delle procedure). La formalizzazione tende ad essere massima nelle aziende di maggiori dimensioni e di maggiore complessità, nonché nelle aziende che operano in settori particolari. Nelle grandi imprese - si pensi, su tutte, alle banche – e nelle aziende pubbliche – il livello di formalizzazione tende ad essere maggiore rispetto alle piccole organizzazioni. Nelle aziende più grandi, nell'ambito della funzione aziendale che si dedica alla gestione del personale, è spesso attivato un ufficio che si occupa esclusivamente di formalizzare le procedure aziendali e di procedere al loro periodico aggiornamento. Inoltre, è spesso attiva un'ulteriore funzione aziendale, chiamata tradizionalmente revisione interna o più frequentemente, mutuando l'analogo termine anglosassone, funzione di internal audit.

7. la creazione del sistema informativo aziendale, che comprende ogni fase del processo di raccolta, elaborazione, interpretazione e comunicazione dei dati e delle informazioni aziendali.

## 4.2.Il sistema dei beni: il patrimonio

Quanto allo studio del sistema dei beni, cioè del patrimonio e del capitale, si deve subito osservare che il capitale è un concetto statico (si tratta, infatti, di una grandezza c.d. *stock* e non di una grandezza *flusso* come ad esempio il reddito), per la cui determinazione è sempre necessario riferirsi ad una certa data (es. il capitale dell'azienda Alfa al 31/12/n) (Onesti, 2002).

Il capitale si definisce come il complesso coordinato dei beni a disposizione dell'azienda in un dato momento. In base all'art. 810 c.c. si può correttamente parlare di beni ogniqualvolta si abbia a che fare con *"cose che possano formare oggetto di diritti"*.

L'analisi del patrimonio aziendale può riguardarne:
- l'aspetto qualitativo;
- l'aspetto quantitativo.

Sotto l'aspetto qualitativo, il capitale è un complesso coordinato di elementi eterogenei.

Tali elementi sono descritti e rappresentati in un prospetto che si chiama "inventario a quantità eterogenee". La caratteristica di tale inventario è che gli elementi ivi iscritti non possono essere sommati fra loro in quanto espressi in unità di misura eterogenee (unità, metri, litri, chilogrammi, ...). Tutto ciò comporta l'impossibilità di conoscere in maniera sintetica la consistenza netta del capitale dell'azienda (cioè al netto dei vincoli e delle obbligazioni che gravano su tali elementi patrimoniali). Quindi dobbiamo per forza dire, ad esempio, che l'azienda ha 10q di ferro, 100 milioni in cassa, 3 fabbricati, ecc.

Gli elementi dell'azienda che compongono il capitale o patrimonio aziendale possono essere distinti in elementi attivi, che sono il complesso dei beni su cui l'azienda vanta dei diritti, ed elementi passivi che consistono nelle obbligazioni assunte dall'azienda.

Ad esempio:

| INVENTARIO A QUANTITA' FISICHE AL 31.12.n | | | |
|---|---|---|---|
| ATTIVO | | PASSIVO | |
| Cassa | 5.000 € | Debiti v/ fornitori | 90.000 € |
| Banche | 15.000 € | | |
| Materie prime | 250 risme di carta | | |
| Immobile uso ufficio | n.1, in Piazza … | | |
| Fotocopiatrici XYZ-3000 | n.3 | | |
| (…) | | | |

Sotto l'aspetto quantitativo, il capitale rappresenta *"un fondo omogeneo di valori"*.

Gli elementi e i valori sono rappresentati in un prospetto che si chiama "stato patrimoniale".

L'omogeneizzazione degli elementi avviene appunto attraverso un processo di valutazione che ci permette di conoscere, in maniera sintetica, la consistenza netta del capitale/patrimonio dell'azienda.

Alle attività e alle passività vengono associati dei valori omogenei, espressi nella c.d. moneta di conto (es. euro o dollaro), secondo determinate convenzioni.

Le convenzioni possibili sono molteplici, anche se la convenzione più diffusa, anche per la sua semplicità di applicazione, è il c.d. *costo storico*: i beni entrano in contabilità al loro costo di produzione o di acquisizione, i crediti e i debiti al loro valore nominale. Una possibile alternativa, ad esempio, è quella di valutare le attività e le passività ai valori di cessione o di sostituzione, oppure varie combinazioni e convenzioni intermedie rispetto al costo (si fa rinvio ai corsi di ragioneria).

Se le attività e le passività sono espresse in una unità di misura omogenea, è possibile calcolare il totale delle prime e delle seconde. Per differenza, si ottiene il capitale/patrimonio netto di bilancio. (per definizione: attività=passività+ patrimonio netto).

Ad esempio:

| STATO PARTRIMONIALE AL 31.12.n | | | |
|---|---|---|---|
| ATTIVO | | PASSIVO | |
| Cassa | 5.000 € | Debiti v/ fornitori | 90.000 € |
| Banche | 15.000 € | | |
| Merci | 15.000 € | | |
| Materie prime | 25.000 € | | |
| Fabbricati industriali | 100.000 € | | |

La differenza, normalmente positiva, tra attivo e passivo individua il patrimonio netto:

| Attivo | 160.000 € |
|---|---|
| - Passivo | 90.000 € |
| = Capitale netto | 70.000 € |

Viceversa, se il passivo supera l'attivo si ha il cosiddetto deficit o disavanzo patrimoniale.

Il totale attivo, riportato nella sua composizione analitica nella sezione Dare (sinistra) dello stato patrimoniale, rappresenta la massa di investimenti in essere.

Il totale passivo, indicato nella sezione Avere (destra) dello stato patrimoniale, individua, invece, le fonti di finanziamento, che possono essere di due tipi: capitale proprio o capitale di credito.

In un sintetico schema, si ha:

DARE = ATTIVO = INVESTIMENTI

AVERE = PASSIVO = FONTI DI FINANZIAMENTO

FONTI DI FINANZIAMENTO = CAPITALE PROPRIO (CP) + CAPITALE DI CREDITO (CC)

Il rapporto tra capitale proprio (CP) e capitale di credito (CC) definisce il rapporto di indebitamento dell'azienda (indicato anche con l'espressione inglese "*leverage ratio*").

Il rapporto di *leverage*, particolarmente significativo nelle imprese, indica il grado di indipendenza finanziaria dell'azienda nei confronti dei terzi finanziatori (esterni).

Gli elementi attivi e passivi del capitale d'azienda, investigato sotto il suo aspetto quantitativo (cioè come fondo omogeneo di valori), possono essere classificati secondo vari criteri, stabiliti in relazione a specifiche finalità conoscitive.

Tra i criteri individuati nel tempo dalla dottrina ragionieristica italiana, occorre almeno ricordare[37]:

- il criterio temporale-finanziario (lungo termine, breve termine);
- il criterio della destinazione;
- il criterio operativo o della strumentalità operativa;
- il criterio per natura.

---

[37] Tali argomenti vengono studiati in modo più approfondito nell'ambito dei corsi di ragioneria.

## 4.3. Il sistema delle operazioni: la gestione

Riguardo al sistema delle operazioni giova qui richiamare alcune definizioni.

Per *gestione* s'intende il sistema di operazioni aziendali, simultanee e successive, che vengono svolte dagli organi aziendali durante tutta la vita dell'azienda.

Per finalità di controllo, la gestione, che è per definizione unitaria nell'intero arco di vita dell'azienda, deve essere suddivisa in tanti periodi amministrativi, con riferimento ai quali si possano svolgere valutazioni di economicità, di efficienza e di efficacia della gestione. Il *periodo amministrativo* è proprio il periodo di tempo con riferimento al quale la gestione è controllata e programmata.

Il legislatore, in generale, identifica nell'anno solare la durata ordinaria dei periodi amministrativi, che di norma coincidono con il periodo 1 gennaio-31 dicembre, anche se, tra le imprese e le aziende non profit, ci possono essere casi di periodi amministrativi che non iniziano il 1 gennaio (es. per le società calcistiche il periodo amministrativo inizia il 1° luglio, come le stagioni sportive).

Nelle aziende pubbliche, il periodo amministrativo (che viene comunemente chiamato anche "*esercizio finanziario*") coincide per legge con l'anno solare (1 gennaio-31 dicembre).

Con il termine *esercizio*, invece, ci si riferisce all'insieme delle operazioni svolte durante un determinato periodo amministrativo (da qui il termine di *bilancio d'esercizio* delle imprese).

Lo studio della gestione passa per l'analisi delle funzioni aziendali. Queste ultime, secondo il *Fayol*, se esaminate sotto l'aspetto qualitativo, possono essere suddivise in:

a) *funzioni operative (o esecutive)*, che permettono di ottenere i risultati ;

b) *funzioni direzionali o di management*, che definiscono quali risultati raggiungere e come farlo.

a) funzioni operative (o esecutive)

Sono tipiche funzioni operative o esecutive (rappresentano in sostanza l'azione):

1) le funzioni tecnologiche, che si occupano della trasformazione fisica e chimica dei beni (es. produzione);

2) le funzioni commerciali, che riguardano l'approvvigionamento di beni e materie e la vendita di prodotti finiti e merci;

3) le funzioni finanziarie, che si interessano del reperimento delle fonti di finanziamento e del relativo impiego;

4) le funzioni di contabilità, che si occupano della rilevazione dei fatti amministrativi, della determinazione dei risultati e dell'interpretazione degli accadimenti e dei risultati stessi;

5) le funzioni di sicurezza, che mirano a tutelare beni e persone contro i più svariati rischi.

b) funzioni direzionali (o di management)

Le funzioni direzionali o di *management* rappresentano il pensiero, l'atto decisorio, il cuore del processo decisionale aziendale. Esse sono le seguenti:

1) le *funzioni di programmazione,* che si occupano delle decisioni da adottare nelle varie aree funzionali operative;

2) le *funzioni di controllo,* che verificano la coerenza tra decisioni e azioni, provvedono al confronto tra i risultati previsti e quelli

ottenuti, analizzano gli scostamenti e individuano i meccanismi di feedback o meccanismi di retroazione;

3) le *funzioni di organizzazione,* che si interessano dello studio dei ruoli e delle linee di influenza;

4) le *funzioni di leadership,* che riguardano la guida degli uomini nei processi decisionali, esecutivi e di controllo.

*Figura 1. La rappresentazione della gestione e del processo di management.*

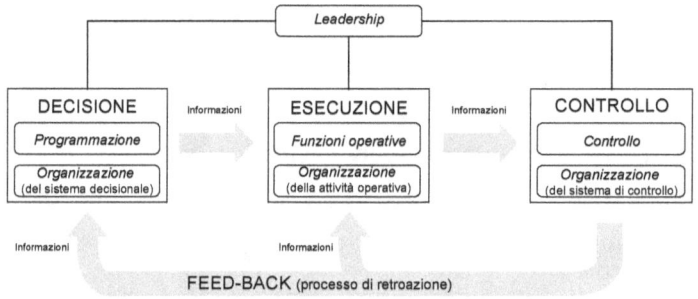

Alla base del processo di management vi è la disponibilità di informazioni significative, attendibili, tempestive e concise. La branca dell'Economia d'Azienda che studia la produzione di informazioni per la guida delle aziende si chiama Contabilità Direzionale.

# 5. La teoria di Maslow sulla gerarchia dei bisogni

La definizione stessa di azienda precisa che essa è diretta al soddisfacimento di bisogni umani. Al fine di impostare correttamente lo studio del sistema delle operazioni aziendali (gestione aziendale) risulta di fondamentale importanza l'analisi di tali bisogni.

Infatti, così come il comportamento umano rappresenta una via attraverso la quale il singolo individuo soddisfa i bisogni che costituiscono il suo sistema motivazionale, allo stesso modo l'azienda attraverso le operazioni di gestione soddisfa i bisogni espressi dai soggetti posti all'interno e/o all'esterno della stessa.

Tra i soggetti esterni al sistema aziendale si annoverano, in primo luogo, i *clienti/utenti*, la cui soddisfazione avviene attraverso la produzione e lo scambio di beni e/o servizi, ovvero attraverso la loro erogazione. Non minore rilevanza assumono i bisogni formulati da altri soggetti come i fornitori, ecc.

Tra i soggetti interni, trovano invece naturale collocamento i *dipendenti*, la cui soddisfazione si attua, principalmente, attraverso la creazione di ruoli organizzativi adeguati, associando a ciascuno di questi una congrua remunerazione.

Lo studio dei bisogni umani, segnatamente quelli dei dipendenti, risulta di fondamentale importanza per impostare l'intero processo deliberativo d'impresa e, nel suo ambito, il governo del personale.

Il Maslow, psicologo statunitense autore tra il 1943 e il 1954 della teoria nota come "gerarchia dei bisogni umani", ha affrontato la tematica dei bisogni umani, giungendo alle conclusioni qui di seguito brevemente esposte.

Lo studioso afferma che il comportamento umano può essere visto come un complesso di azioni poste in essere per il conseguimento di particolari mete o obiettivi capaci di soddisfare le motivazioni, gli interessi, i desideri, cioè, in estrema sintesi, i bisogni delle persone.

I bisogni in parola sono posti all'interno dell'individuo e rappresentano una componente della sua personalità; le mete, legate ai bisogni, si collocano, invece, all'esterno dell'individuo e nella misura in cui vengano raggiunte conferiscono all'individuo gratificazione.

Quindi, alla base dell'azione vi è un bisogno in tensione, cioè un bisogno "attivato", che trova soddisfazione solo con il raggiungimento dell'obiettivo/meta associato a quel bisogno.

Ne deriva che il bisogno motiva il comportamento umano finché non venga soddisfatto. Inoltre, ad un bisogno appagato si sostituisce un bisogno successivo, il quale stimola l'adozione di nuove azioni, determinando il comportamento umano.

Grazie alle evidenze empiriche che hanno accompagnato gli studi del Maslow, si è potuto verificare che esiste una precisa gerarchia di bisogni sintetizzata dalla Figura seguente:

*Figura 2. La gerarchia dei bisogni di Maslow.*

In primo luogo, si annoverano i "bisogni fisiologici". Essi sono strettamente legati a motivazioni di ordine biologico la cui soddisfazione è tale da assicurare la sopravvivenza dell'individuo. Ci riferiamo, ad esempio, al bisogno di bere, di mangiare, di dormire, ecc. Finché questi bisogni rimarranno insoddisfatti, probabilmente non si manifesteranno altre tipologie di bisogni. Ricorrendo all'esempio di una persona affamata, il Maslow osserva: «Egli tende a pensare che, se gli fosse garantito il cibo per il resto della sua vita, sarebbe perfettamente felice e non desidererebbe nessuna cosa di più».

In secondo luogo, si ricordano i bisogni di sicurezza che non sorgono fintantoché i bisogni fisiologici non siano stati ragionevolmente soddisfatti.

I bisogni di sicurezza si traducono, da un lato, nell'aspirazione ad una vita duratura e prevedibile e, dall'altro, nell'aspettativa di una vita "stabile" che perpetui le attuali posizioni di affetto, di stima e di autorealizzazione di cui si gode.

Nel caso in cui le circostanze d'ambiente minaccino, in generale, l'integrità della persona umana o l'esistenza dei mezzi e delle istituzioni preposte ad assicurarla, talché il mondo appaia oscuro, incerto e fonte di pericoli, il singolo individuo può diventare ansioso e ricercare senza sosta protezione e sicurezza.

In generale, l'uomo maturo non si lascia allarmare dai problemi imprevisti e non strutturati, ma cerca di affrontarli e superarli facendo affidamento sul bagaglio esperienziale fino a quel momento acquisito.

I bisogni fisiologici e i bisogni di sicurezza sono bisogni primari e, nei Paesi occidentali, si possono ritenere generalmente soddisfatti, per cui tali bisogni incidono sul comportamento in modo generalmente limitato.

Accanto a tali bisogni si collocano i bisogni sociali o bisogni d'amore, i bisogni di stima e, infine, i bisogni di autorealizzazione. Tutti questi bisogni si contraddistinguono per il fatto che emergono solo dopo che i bisogni primari (fisiologici e di sicurezza in senso stretto) siano stati adeguatamente leniti. Per questo sono detti secondari.

Per essere precisi, i bisogni sociali o bisogni d'amore sono quelli legati all'appartenenza ad un gruppo sociale e, quindi, risiedono nell'innato bisogno di interazione sociale che anima ogni uomo. Si manifestano sotto forma di aspirazione a mantenere o migliorare talune relazioni affettive, di consolidare l'appartenenza ad un gruppo e di sentirsi accettati.

I bisogni di stima possono essere scomposti in bisogni di auto-stima e bisogni di stima da parte dei propri simili. Se i bisogni di auto-stima vengono soddisfatti, l'individuo recupera o rinvigorisce i sentimenti di fiducia in sé stesso, di utilità, di attitudine e di potenza. La mancata soddisfazione di tali bisogni genera sentimenti di debolezza, di inferiorità e di impotenza.

I bisogni di autorealizzazione consistono nell'aspirazione a diventare ciò che si è capaci di diventare, dando piena realizzazione alle proprie capacita. I bisogni in parola appartengono, di norma, alla sfera soggettiva e la loro soddisfazione non appare subordinata all'approvazione o al riconoscimento da parte degli altri. Volendo fare un esempio, diremo che un professionista può essere pienamente soddisfatto del proprio lavoro e rimanerlo anche in seguito a prescindere dal consenso manifestato al riguardo da altri soggetti.

In linea generale, il bisogno di autorealizzazione si manifesta in modo differente da soggetto a soggetto, nel senso che in un individuo potrà tradursi nel desiderio di essere, ad esempio, un bravo professionista, in un altro il bisogno di autorealizzazione potrà manifestarsi nell'aspirazione ad essere un valido atleta, e così via.

I bisogni di autorealizzazione appaiono talvolta strettamente connessi al possesso di capacità creativa, ovverosia di capacità di progredire in maniera originale e autonoma.

Accanto ai suddetti obiettivi, il Maslow ne elenca altri due. Si tratta del bisogno di conoscenza e del bisogno di capire. Il primo precede invero il secondo e assieme orientano l'individuo verso la comprensione del microcosmo e del macrocosmo.

I bisogni che fin qui sono stati brevemente analizzati stimolano e orientano il comportamento umano. La gerarchia che ne risulta non è una gerarchia di tipo assoluto. Numerosi individui, ad esempio, possono sentirsi perfettamente appagati dal perseguimento di specifici ideali di tipo religioso, politico, personale, ecc. anche se ciò vuol dire rinunciare al soddisfacimento di altri obiettivi apparentemente prioritari.

Non si tratta, infatti, di una gerarchia assoluta perché tali bisogni - siano essi consci o inconsci - debbono necessariamente inquadrarsi in un ambiente di riferimento. Quest'ultimo, infatti, influenza il sistema motivazionale degli individui e, quindi, i loro comportamenti.

Il Maslow studia anche il problema della frustrazione asserendo che quest'ultima deriva dall'impossibilità o dalla difficoltà di realizzare i propri obiettivi.

La frustrazione può porsi all'origine di due tipi distinti di reazione: una reazione razionale ed una irrazionale o emotiva.

La reazione razionale è quella propria del soggetto che, dopo aver acquistato consapevolezza dell'ostacolo, tenta di superarlo

La reazione irrazionale è quella che si manifesta con un isolamento motivazionale (ci si protegge dietro una irreale autostima), con l'aggressività (diretta e/o dislocata), con la compensazione (che consiste nel sostituire all'obiettivo fondamentale prefissato altri obiettivi di minore livello o talvolta irrilevanti) o con la razionalizzazione (si adducono cioè argomenti irrilevanti per giustificare situazioni fallimentari).

E' del tutto evidente l'importanza dello studio dei bisogni umani per quanti occupino mansioni di governo aziendale. I processi decisionali aziendali non possono prescindere dall'utile framework delineato dal Maslow.

La teoria di Maslow sui bisogni umani ha avuto un notevole impatto sugli studi successivi di organizzazione, trovando ampia applicazione anche nel campo degli studi di marketing.

# 6. La classificazione delle aziende

Le aziende possono essere classificate come di seguito indicato:

*Figura 3. La classificazione delle aziende*

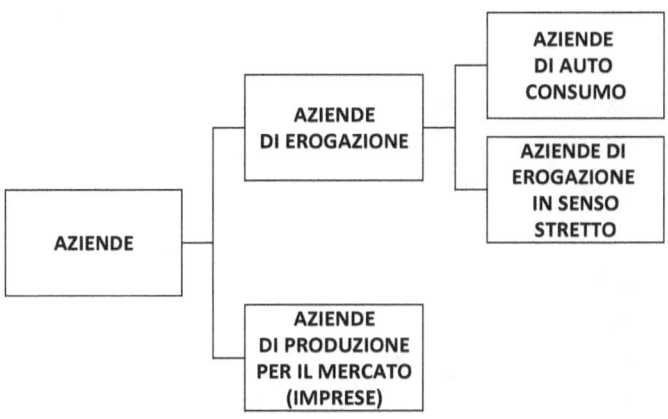

L'elemento di differenziazione sul quale si basa il primo livello di classificazione delle aziende (tra aziende di erogazione e imprese) può essere ricondotto alle caratteristiche dei mercati nei quali l'azienda reperisce i propri fattori produttivi (c.d. approvvigionamento) e dei mercati nei quali l'azienda colloca i beni e servizi prodotti.

Nel caso delle imprese, tali mercati tendono entrambi ad avere le caratteristiche di mercati concorrenziali.

Le imprese, di norma, devono sforzarsi di reperire i necessari fattori produttivi cercando di limitare quanto più possibile i costi sostenuti, pagando prezzi di mercato ai propri fornitori. Inoltre, devono produrre beni e servizi che per quantità, qualità e prezzo siano apprezzati dai propri clienti potenziali, i quali devono essere disposti a pagare un prezzo all'impresa che sia pienamente remunerativo. Come si dirà più avanti, le imprese per definizione sono orientate al profitto, cioè devono generare flussi di ricavi maggiori dei costi sostenuti per la produzione. Costi e ricavi sono normalmente misurabili, rispettivamente, da uscite finanziarie e da entrate finanziarie.

Diversamente, i mercati di approvvigionamento e di sbocco delle aziende di erogazione possono presentare caratteristiche almeno in parte diverse da quelle tipiche di un mercato concorrenziale. Ad esempio, le aziende di erogazione possono disporre di fattori produttivi che ricevono a titolo gratuito, come ad esempio il lavoro dei volontari o le donazioni in denaro o in natura di soggetti che condividono le loro finalità istitutive. Inoltre, per definizione, esse non cedono i beni prodotti e non prestano i propri servizi a dei veri e propri *clienti* che pagano prezzi remunerativi, ma la produzione delle aziende di erogazione viene ceduta a *beneficiari* o *utenti* a titolo gratuito o a fronte di corrispettivi molto limitati rispetto ai costi effettivi di produzione.

Nei prossimi sottoparagrafi si analizzano più approfonditamente le due categorie individuate dalla classificazione in commento.

## 6.1. Le imprese

L'impresa è un sistema socioeconomico che produce beni e servizi destinati al mercato; beni e servizi che vengono messi a disposizione degli utilizzatori (clienti, consumatori) mediante lo scambio.

L'imprenditore acquista i fattori produttivi; successivamente, trasforma, combina insieme tali fattori e, dopo aver realizzato tecnicamente i prodotti, li offre sul mercato ai propri clienti. A questo punto, egli realizza i ricavi di vendita che costituiscono la linfa vitale dell'azienda e che devono essere remunerativi di tutti i fattori di produzione impiegati

A seconda del tipo di remunerazione questi ultimi si distinguono in:

1) *fattori produttivi in posizione contrattuale*: sono vincolati all'azienda in virtù di un contratto. La remunerazione di tali fattori si contraddistingue per essere certa (sicura), prioritaria e fissa;

2) *fattori produttivi in posizione residuale*: la loro remunerazione è eventuale, variabile e successiva. Il tipico fattore produttivo di questo tipo è il capitale apportato dai soci.

In sintesi, si può scrivere:
RICAVI = COSTI + RIS. D'ESERC.
o anche:
RICAVI = RFpc + RFpr

dove RFpc e RFpr assumono il significato di remunerazione dei fattori produttivi in posizione contrattuale e remunerazione dei fattori produttivi in posizione residuale.

Condizione essenziale per lo sviluppo e la sopravvenienza dell'impresa è la realizzazione, almeno nel lungo periodo, del cosiddetto equilibrio economico.

L'impresa si trova in una situazione di equilibrio economico quando i ricavi, oltre a coprire i costi dei fattori produttivi in posizione contrattuale, riescono ad assicurare anche una congrua remunerazione dei fattori produttivi posti in posizione residuale.

L'obiettivo dell'impresa è quello di rendere quanto più elevata possibile la differenza tra ricavi e costi, cioè il c.d. reddito di esercizio. E opportuno osservare che, se il reddito di esercizio non è congruo, cioè non è in linea con i migliori investimenti alternativi, l'imprenditore sarà spinto a distogliere i propri capitali dall'impresa, impiegandoli in modo diverso.

Per essere precisi, l'imprenditore svolge l'attività d'impresa per perseguire tre obiettivi fondamentali:

1) profitto;

2) sopravvivenza;

3) sviluppo dimensionale

## 6.2. Le aziende di erogazione

L'azienda di erogazione è un sistema socioeconomico che produce beni e servizi destinati a soddisfare i bisogni di:

- individui o enti che stanno all'interno dell'azienda medesima o che comunque fanno capo all'azienda stessa. Solitamente tali aziende vengono denominate *aziende di consumo*;

- individui che stanno all'esterno dell'azienda ovvero i beneficiari. Essi rappresentano le persone nell'interesse delle quali l'azienda viene gestita. In questo caso si parla di *aziende di erogazione in senso stretto*.

Si noti che l'ulteriore profilo di classificazione delle aziende è riconducibile alla collocazione dei beneficiari della produzione, all'interno o all'esterno dell'azienda di erogazione stessa. La differenza fra i due tipi di azienda di erogazione consiste nel fatto che, nell'azienda di consumo, i beneficiari sono all'interno, mentre, nell'azienda di erogazione in senso stretto, i beneficiari sono collocati all'esterno.

Costituiscono tipici esempi di aziende di consumo: i conventi, i circoli ricreativi, le associazioni sportive, ecc.

Esempi di aziende di erogazione in senso stretto sono: un ente che gestisce mense per gli indigenti, un'associazione di volontari che si dedicano all'assistenza ai familiari dei malati, ecc.

Tanto nelle aziende di consumo quanto in quelle di erogazione in senso stretto non si ha la fase dello scambio con terze economie; in altre parole, in questo tipo di aziende, manca il collocamento di prodotti/servizi sul mercato. Come conseguenza, la grandezza fondamentale che misura la capacità delle imprese di farsi apprezzare dal mercato, cioè i ricavi di vendita, perde di importanza e non può essere considerata un riferimento per i giudizi di efficacia e di efficienza. I beni e servizi prodotti non sono mai venduti a prezzi remunerativi, al massimo si richiede una tariffa (un *ticket* ) che di norma non copre interamente i costi sostenuti e che, per definizione, non genera un profitto.

Inoltre, molto spesso, tali aziende non reperiscono i propri fattori produttivi sul mercato, ma fanno affidamento sulle liberalità di altre persone, sia in termini di risorse finanziarie, sia in termini di lavoro volontario. Anche i costi, dunque, intesi quale utilità consumata per la produzione, non possono essere semplicemente misurati dai costi sostenuti, ma i giudizi di efficienza e di economicità devono tener conto anche della capacità dell'azienda di erogazione di attrarre fattori produttivi a titolo gratuito.

Per quanto riguarda l'obiettivo fondamentale delle aziende di erogazione, si osserva che esso viene individuato non nella massimizzazione della differenza tra proventi e spese (in quanto così facendo l'azienda di erogazione potrebbe disattendere i propri fini istituzionali), ma nella realizzazione delle proprie finalità istitutive in condizioni di efficienza (n.b.: la definizione dell'efficienza di gestione è particolarmente complessa per le aziende di erogazione).

# 7. Il *soggetto giuridico*

Si definisce soggetto giuridico la persona o il gruppo di persone o l'ente nel cui nome l'azienda è esercitata e a cui fanno capo i diritti e gli obblighi che derivano dalla costituzione e dal funzionamento dell'azienda (Onida, 1971).

Lo schema riportato nella figura seguente riassume le classificazioni che verranno approfondite nel prosieguo.

Nel nostro ordinamento, soggetto giuridico può essere tanto una persona fisica quanto una persona giuridica.

Si ritiene opportuno tralasciare, in questa sede, le persone fisiche.

Le persone giuridiche sono enti astratti che nascono per forza di legge e possono essere pubbliche o private.

La forma giuridica può essere considerata come una sorta di "veste" che l'azienda deve necessariamente "indossare" al fine di poter operare all'interno di un ordinamento: esistono forme più semplici (la più semplice è la persona fisica) e forme via via più complesse (es. la società per azioni quotata in borsa).

Ogni operazione aziendale comporta l'insorgere di diritti ed obblighi in capo a uno o più determinati patrimoni[38].

---

[38] In alcuni casi che possono definirsi patologici, l'ordinamento stesso fa fatica ad

*Figura 4. Classificazione dei soggetti giuridici.*

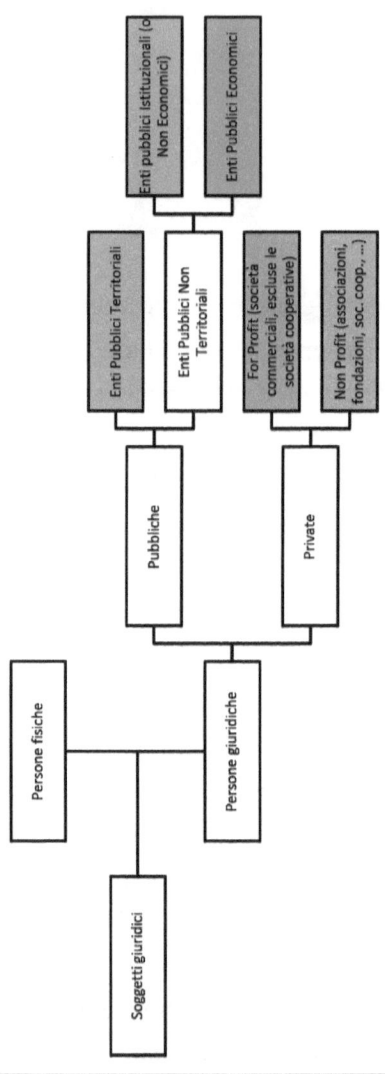

individuare chi sia il soggetto giuridico aziendale (la mente dell'uomo non ha limiti, anche quando si pone l'obiettivo di andare contro l'ordinamento). Si pensi ai casi ben inquadrati dalla dottrina giuridica e dalla giurisprudenza del c.d. socio/imprenditore occulto.

## 7.1. Persone giuridiche pubbliche

La persona giuridica pubblica diventa soggetto giuridico tramite leggi e usi riconosciuti come diritto pubblico.

Normalmente non hanno scopo di lucro perché nascono per realizzare obiettivi d'interesse generale.

Per far nascere questo soggetto giuridico pubblico occorrono una legge o una norma speciale e una chiara manifestazione di volontà da parte di un ente pubblico: stato, regione, provincia, ecc.

Tutte le vicende che riguardano questi enti sono regolati dal diritto amministrativo e anche la giurisdizione è diversa rispetto alle aziende con personalità giuridica privata (Tribunale amministrativo regionale-Consiglio di Stato-Cassazione).

Le persone giuridiche pubbliche si classificano in:

A) *enti pubblici territoriali:* ovvero regioni, comuni, province;

B) *enti pubblici economici:* cioè esercenti un'attività economica, cioè nettamente più simile a quella svolta dalle imprese, anziché dalle aziende di erogazione. Si tratta di una categoria che, prima dell'avvento dell'Unione Europea, vantava una notevole rilevanza nel sistema economico italiano, con grandissimi gruppi industriali pubblici come l'IRI, l'ENI, l'ENEL ed altri. Negli anni '90 si è concluso un processo di progressiva trasformazione di questi enti in società per azioni, dapprima a proprietà interamente pubblica (c.d. privatizzazione formale) e successivamente, in tutto o solo in parte, aperti all'ingresso di privati nel capitale (c.d. processo di privatizzazione sostanziale); permangono tuttavia alcuni residui esempi di questa categoria di enti pubblici, tra i quali: la Siae, l'Istituto per il Credito Sportivo, gli Istituti autonomi per le case popolari, l'Ente Nazionale Risi, l'Istituto di Servizi per il Mercato Agricolo Alimentare.

C) *enti pubblici non economici o istituzionali*: la Croce Rossa Italiana, l' Istituto nazionale per il commercio estero, le università, il CONI, le Camere di Commercio, il CNR, l'Istat ecc.[39]

## 7.2. Persone giuridiche private

Sono *persone giuridiche private* le associazioni, le fondazioni e le società commerciali aventi personalità giuridica (art. 12 e 13 cod. civ.).

### 7.2.1. Enti non profit (associazioni, fondazioni, società cooperative)

L'associazione, la fondazione e le cooperative sono enti *non profit*: non possono avere finalità di lucro. Possono essere aziende di erogazione in senso stretto oppure aziende di consumo, mai imprese (in senso economico-aziendale).

In particolare, l'associazione è un complesso di persone che si uniscono per conseguire obiettivi di natura privata (circolo culturale, associazione sportiva, ecc.). La disciplina delle associazioni è contenuta nell'art. 12 cod. civ. e negli arti. e seguenti del codice civile. In genere, si tratta di aziende di erogazione.

La fondazione accoglie patrimoni fruttiferi che, per donazione o per testamento, sono permanentemente vincolati al conseguimento di finalità prestabilite (es. Fondazione Alberto Sordi, ...).

---

[39] Sul sito della Ragioneria Generale dello Stato e dell'Istat è possibile reperire gli elenchi aggiornati degli enti appartenenti a questa categoria, così come di tutte le Amministrazioni Pubbliche. Si veda, ad esempio, l'elenco sintetico pubblicato sulla Gazzetta Ufficiale – Serie Generale n. 226 del 28 settembre 2018.

La cooperativa, invece, è una società nella quale il fine e il fondamento dell'agire economico è il soddisfacimento dei bisogni dei soci: la cooperativa ha invece uno scopo mutualistico, che consiste – a seconda del tipo di cooperativa - nell'assicurare ai soci il lavoro, o beni di consumo, o servizi, a condizioni migliori di quelle che otterrebbero se operassero individualmente sul mercato[40].

*7.2.2.Società commerciali*

L'ordinamento giuridico italiano consente l'esercizio dell'impresa mediante attraverso varie forme giuridiche:
- direttamente dalla singola persona fisica, l'imprenditore (c.d. impresa individuale);
- mediante la costituzione di una società (c.d. impresa societaria).

Si noti che, anche quando l'attività concretamente svolta dall'impresa è esattamente la stessa, a seconda della diversa forma giuridica utilizzata, possono mutare i soggetti (persona fisica, gruppo di persone o ente) o a cui fanno capo i diritti e gli obblighi che derivano dalla costituzione e dal funzionamento dell'impresa.

L'impresa individuale rappresenta la forma più semplice di impresa: il singolo imprenditore accentra su di sé l'intero processo decisionale e acquista in prima persona tutti i diritti e gli obblighi scaturenti dall'attività svolta.

L'art. 2082 del codice civile fornisce la definizione di imprenditore: «chi esercita professionalmente un'attività economica

---

[40] Tra gli enti *non profit* a carattere privatistico, possono collocarsi anche i consorzi, per le cui specificità si fa rimando a corsi più avanzati di diritto commerciale e societario.

organizzata al fine della produzione o dello scambio di beni o di servizi».

Esercitare l'attività d'impresa mediante la forma giuridica dell'impresa individuale determina alcune conseguenze:

- le eventuali conseguenze negative dell'andamento dell'impresa ricadono pienamente sull'imprenditore, che ne risponde anche con il suo patrimonio personale; non vi è netta separazione tra i beni che compongono il patrimonio dell'impresa e il patrimonio personale dell'imprenditore;

- la non netta separazione dei patrimoni, dei diritti e degli obblighi in capo all'imprenditore rende particolarmente complessa la cessione d'impresa e il ricambio generazionale.

Per quanto riguarda le imprese esercitate in forma societaria, occorre ricordare che il nostro ordinamento giuridico prevede che venga effettuata una scelta tra alcune possibili forme societarie, ciascuna delle quali soggetta ad una specifica disciplina da parte del legislatore civilistico.

Si distinguono, in particolare[41]:
- società di persone:
    - società semplice (s.s.);
    - società in nome collettivo (s.n.c.);
    - società in accomandita semplice (s.a.s.);
- società di capitali:
    - società per azioni (s.p.a.);
    - società a responsabilità limitata (s.r.l.);

---

[41] Le società cooperative e consortili, pur essendo società commerciali, sono meglio collocabili tra gli enti non profit.

- società in accomandita per azioni (s.a.p.a.).

Giova sin d'ora sottolineare che i tipi societari più rilevanti nella realtà economica nazionale sono le società a responsabilità limitata e le società per azioni.

Il principale beneficio che l'ordinamento assicura a coloro i quali esercitano l'impresa in forma societaria, rispetto alle imprese individuali, è la c.d. autonomia patrimoniale, che determina, in buona sostanza, le seguenti conseguenze:

1. i beni che costituiscono il patrimonio aziendale sono sottratti alla piena disponibilità dei rispettivi singoli proprietari e vengono vincolati all'esercizio della comune attività produttiva;

2. i creditori personali dei singoli soci non possono "aggredire" direttamente i beni sociali, ma possono attaccare soltanto i frutti, cioè gli utili, della partecipazione societaria; in alcuni casi, possono ottenere dalla società la liquidazione della quota del socio debitore, ovvero possono entrare direttamente in possesso della quota stessa;

3. i creditori della società (es. fornitori, finanziatori) devono soddisfarsi, almeno in prima istanza, con il patrimonio della società.

Nelle società di persone, quando il patrimonio sociale non è sufficiente a soddisfare i creditori sociali, questi possono "aggredire" il patrimonio personale dei singoli soci.

Più precisamente, nel caso di società di persone, l'autonomia patrimoniale si dice imperfetta, poiché – come precisa l'art. 2291 (con riferimento alla società in nome collettivo) – «*Nella società in nome collettivo, tutti i soci rispondono solidalmente e illimitatamente delle obbligazioni sociali. Il patto contrario non ha effetto nei confronti dei terzi».*

Pertanto, i creditori sociali possono far valere le loro pretese creditorie, innanzitutto sul patrimonio della società e, nel caso in cui questo risulti incapiente, anche sul patrimonio personale dei singoli soci.

I soci di una società di persone si espongono dunque al rischio derivante dall'attività d'impresa, non solo i mezzi conferiti con il contratto di società, ma anche il loro patrimonio personale. Essi inoltre sono illimitatamente e solidalmente responsabili, nel senso che il terzo creditore può escutere il patrimonio personale di un singolo socio per l'intero ammontare del credito che non trova soddisfazione nel patrimonio sociale.

*Figura 5. Società di persone: autonomia patrimoniale 'imperfetta'*

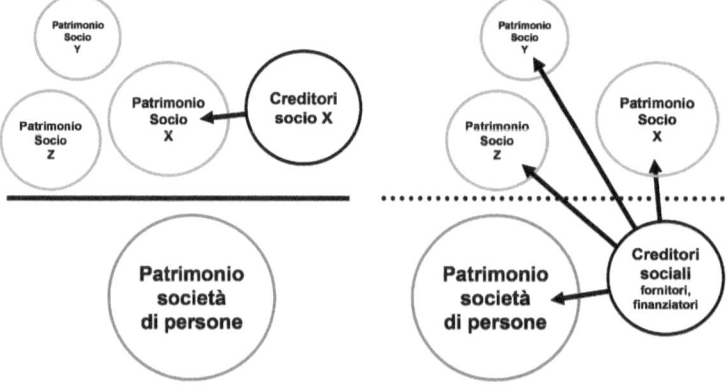

Nel caso delle società di capitali, invece, si parla di autonomia patrimoniale perfetta: la separazione tra diritti e obblighi della società e dei singoli soci è completa.

*Figura 6. Società di capitali: autonomia patrimoniale 'perfetta'*

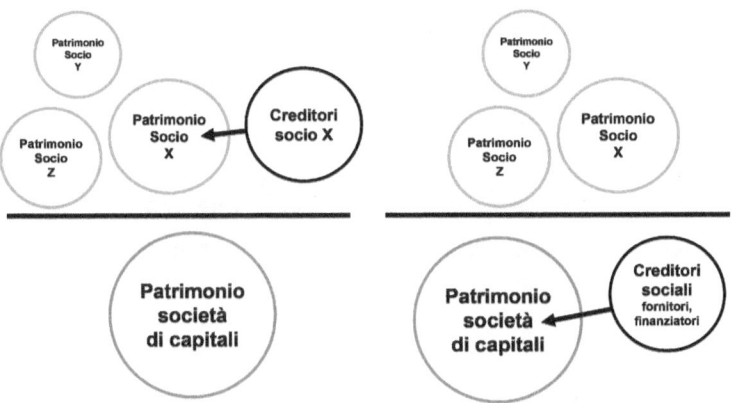

La funzione cui l'autonomia patrimoniale adempie è duplice. Da un lato, essa mira alla tutela dei creditori sociali, che – a differenza di quelli personali – hanno diritto di prelazione sul patrimonio della società; dall'altro lato, svolge la funzione di incentivare l'esercizio delle attività d'impresa in forma societaria, poiché, proprio in virtù dell'effetto dell'autonomia patrimoniale, si crea una sorta di "schermo" tra le obbligazioni contratte dalla società e il patrimonio personale dei singoli soci che risulta, in maniera più o meno netta, protetto dalle pretese dei creditori sociali.

## 7.3.Approfondimenti

### 7.3.1.Gli organi di una società per azioni

All'interno di una società si distinguono vari organi sociali. Pur facendo rimando ai corsi di diritto commerciale e societario, giova qui ricordare, con qualche dovuta semplificazione, che, in una società per azioni, si distinguono:

- l'organo rappresentativo dei detentori del capitale (i soci o azionisti);
- un organo responsabile della gestione;
- un organo responsabile della vigilanza sulla gestione;
- un organo responsabile della revisione legale dei conti.

A seguito della riforma legislativa del 2003 nota come "Riforma del diritto societario", i soci delle società per azioni possono scegliere fra tre possibili modelli di amministrazione e controllo, i cui organi principali vengono delineati brevemente nella tabella che segue:

*Tabella 1. Organi sociali di una società per azioni nei tre modelli di amministrazione e controllo previsti dall'ordinamento italiano.*

| Funzione | Modello Tradizionale | Modello dualistico (ispirato al modello tedesco) | Modello monistico (ispirato al modello anglosassone) |
|---|---|---|---|
| **Organo rappresentativo dei detentori del capitale di rischio** | Assemblea degli azionisti | Assemblea degli azionisti | Assemblea degli azionisti |
| **Organo di gestione** | Consiglio di Amministrazione (o Amministratore Unico) | Comitato di gestione | Consiglio di Amministrazione |
| **Organo di vigilanza sulla gestione** | Collegio Sindacale | Consiglio di Sorveglianza | Comitato per il controllo sulla gestione (istituito all'interno del Consiglio) |
| **Revisione legale dei conti** | Società di revisione (principalmente), revisore persona fisica o, in alcuni casi minori, lo stesso collegio sindacale | Società di revisione (principalmente) o revisore persona fisica | Società di revisione (principalmente) o revisore persona fisica |

Giova sottolineare che il modello tradizionale contraddistingue tuttora il 99% delle società per azioni italiane. Tra i pochi esempi di società che adottano o hanno adottato il modello dualistico, si segnalano il gruppo bancario Intesa-San Paolo, il gruppo assicurativo Generali, la società energetica A2A.

In Italia, il modello monistico risulta invece scarsamente utilizzato nella pratica.

Sull'attribuzione dell'incarico di revisione legale dei conti nelle società per azioni che adottano il modello tradizionale, si precisa che, mentre fino alla fine degli anni '90 il Collegio Sindacale svolgeva anche tale funzione, ma le più recenti riforme hanno definitivamente separato tale funzione dalla quella di VIGILANZA SULLA GESTIONE, che continua ad essere svolta in esclusiva dal Collegio Sindacale.

Più precisamente, secondo l'ordinamento attualmente vigente (D.Lgs. 39/2010, art. 2409-bis e septies c.c., artt. 148 e ss. D.Lgs. 58/1998), la funzione di revisione legale dei conti può essere esercitata:

- nelle società per azioni non quotate, a seconda delle dimensioni della società:
  o da un revisore "persona fisica", iscritto al Registro dei revisori legali dei conti;
  o da una società di revisione, iscritta al medesimo Registro di cui sopra. Si tratta di società per azioni che svolgono solo ed esclusivamente tale attività.
    (Nel mondo, attualmente, le più importanti società di revisione sono quattro – le c.d. "BIG FOUR" – e precisamente: Deloitte & Touche, Ernst&Young, KPMG e PriceWaterhouseCoopers)
  o direttamente dal Collegio Sindacale (ma solo per le società di minori dimensioni)
- nelle società per azioni con titoli diffusi sul mercato:
  o solo ed esclusivamente da una società di revisione iscritta all'Albo speciale tenuto dalla CONSOB, l'autorità di vigilanza sulle società quotate e le borse valori.

Concentrando l'attenzione sul modello tradizionale di amministrazione e controllo, a titolo esemplificativo e in estrema sintesi, in una società per azioni di medio-grandi dimensioni non quotata l'ordinamento italiano prevede generalmente la presenza dei seguenti principali organi:

- ASSEMBLEA: della quale fanno parte solo ed esclusivamente i soci detentori delle azioni della società (azionisti), che nomina gli organi di amministrazione e controllo ed approva il bilancio della gestione; nell'assemblea si devono distinguere i soci che detengono il capitale di comando (di solito, si tratta di una quota azionaria maggiore del 50%) dai soci che detengono il capitale c.d. controllato (c.d. minoranze o maggioranze controllate);
- CONSIGLIO DI AMMINISTRAZIONE: nominato periodicamente dall'Assemblea (in genere ogni tre esercizi), il Consiglio di Amministrazione si occupa dell'AMMINISTRAZIONE/GESTIONE della società per conto dei soci. Si compone di un numero variabile di consiglieri (detti anche amministratori), di solito in un numero compreso tra i 5 e i 15, a discrezione dei soci (esistono consigli di 20-25 membri, come anche è possibile la nomina di un unico soggetto; in quest'ultimo caso si parla di AMMINISTRATORE UNICO).

All'interno del Consiglio di Amministrazione, sono nominati:
- o il Presidente della Società, che guida i lavori del consiglio e rappresenta la società;
- o l'Amministratore Delegato (AD), al quale il Consiglio delega generalmente ampi poteri di gestione;
  tipicamente, l'AD rappresenta il vero capo azienda, che, da solo o insieme ad altri soggetti (es. socio di riferimento, dirigenti particolarmente capaci e influenti …), costituisce il soggetto economico dell'azienda.

- COLLEGIO SINDACALE: nominato anch'esso dall'Assemblea (ogni tre esercizi) con il compito principale di VIGILANZA SULLA GESTIONE, cioè di controllare che l'operato degli amministratori si svolga nel rispetto della legge, dello statuto e nell'interesse della società e del suo patrimonio.

  E' composto obbligatoriamente da tre (fino a un massimo di cinque) soggetti:

  o il Presidente del Collegio Sindacale;

  o due (o fino a quattro) Sindaci Effettivi.

- SOGGETTO INCARICATO DELLA REVISIONE LEGALE (tipicamente una SOCIETÀ DI REVISIONE): incaricata dall'Assemblea di svolgere la funzione di REVISIONE LEGALE (mandato di tre anni, rinnovabile, per le società non quotate e di nove anni, non rinnovabile, per le società quotate), con i compiti fondamentali di verificare:

  o la regolare tenuta della contabilità sociale e la corretta rilevazione nelle scritture contabili dei fatti di gestione;

  o la corrispondenza del bilancio di esercizio e, ove redatto, del bilancio consolidato rispetto alle risultanze delle scritture contabili, nonché la conformità di tali documenti alle norme che li disciplinano.

## 7.3.2. L'iter di approvazione del bilancio d'esercizio in una società per azioni[42]

Il processo di formazione del bilancio di un ipotetico esercizio n, prevede, secondo le disposizioni di cui agli artt. 2364 e 2429 c.c., salvo casi particolari, le seguenti fasi (per la data di riferimento, la chiusura dell'esercizio in questo schema sintetico è fissata, come accade generalmente, al 31 dicembre, anche se, in alcune società, è fissata in data diversa)[43]:

| FASE | t | DATA DI RIFERIMENTO | DESCRIZIONE |
|---|---|---|---|
| CHIUSURA DELL'ESERCIZIO | | 31/12/n | Chiusura dell'esercizio n (1/1/n – 31-12/n) |
| APPROVAZIONE DEL PROGETTO DI BILANCIO CONSEGNA DEL PROGETTO DI BILANCIO AGLI ORGANI DI CONTROLLO CONVOCAZIONE DELL'ASSEMBLEA | almeno 30 giorni prima della data di convocazione dell'Assemblea (prima convocazione) | entro 31/3/n+1 (oppure 30/3/n+1 se l'anno n+1 è bisestile) | Ci deve essere una formale riunione del Consiglio di Amministrazione che deve: 1. approvare il PROGETTO DI BILANCIO e la RELAZIONE SULLA GESTIONE. L'approvazione del progetto di bilancio non può essere delegata all'amministratore delegato, ma è un atto collegiale (come previsto dall'art. 2423, comma 1). 2. consegnare copia del PROGETTO DI BILANCIO e la RELAZIONE SULLA GESTIONE al Collegio Sindacale e alla società di revisione per consentire i controlli di loro competenza; 3. convocare l'Assemblea degli Azionisti per la definitiva approvazione del PROGETTO DI |

---

[42] Per approfondimenti sul bilancio, si rinvia a Onesti-Romano-Taliento (2016).

[43] Per le società quotate, nel 2010 è stata modificata la normativa di riferimento sulla pubblicazione delle relazioni finanziarie, annuali e semestrali. Si rinvia all'art. 154-ter del D.Lgs. 58/1998.

| | | | |
|---|---|---|---|
| | | | BILANCIO entro il termine, fissato dall'art. 2364 c.c., di 120 giorni dalla chiusura dell'esercizio precedente. |
| DEPOSITI PRESSO LA SEDE SOCIALE | almeno 15 giorni prima della data di convocazione dell'Assemblea (prima convocazione)<br><br>(per le società quotate, il termine per i depositi è anticipato: devono avvenire almeno 21 giorni prima) | Variabile | Devono essere depositati presso la sede sociale, così da permettere agli Azionisti di prenderne visione:<br>➢ il PROGETTO DI BILANCIO<br>➢ la RELAZIONE SULLA GESTIONE<br>➢ la RELAZIONE DEL COLLEGIO SINDACALE<br>➢ la RELAZIONE DELLA SOCIETA' DI REVISIONE<br>Inoltre, vanno depositati anche i bilanci delle eventuali società controllate e un prospetto riepilogativo dei dati essenziali dell'ultimo bilancio delle società collegate. |
| APPROVAZIONE DEL BILANCIO (da parte dell'Assemblea) | entro 120 giorni dalla chiusura dell'esercizio<br><br>[oppure entro 180 giorni dalla chiusura dell'esercizio] | entro 30/4/n+1 (oppure 29/4/n+1 se l'anno n+1 è bisestile)<br><br>[entro il 29/6/n+1 (oppure 28/6/n+1 se l'anno n+1 è bisestile)] | Deve essere convocata l'Assemblea per l'approvazione del PROGETTO DI BILANCIO<br><br>[Si segnala che l'art. 2364, secondo comma, c.c. prevede che: "Lo statuto può prevedere un maggior termine, comunque non superiore a centottanta giorni, nel caso di società tenute alla redazione del bilancio consolidato ovvero quando lo richiedono particolari esigenze relative alla struttura ed all'oggetto della società; in questi casi gli amministratori segnalano nella relazione prevista dall'articolo 2428 le ragioni della dilazione".] |

| PUBBLICAZIONE DEL BILANCIO | Entro 30 gg. dalla data di approvazione | Variabile | Il BILANCIO approvato deve essere depositato presso la CAMERA DI COMMERCIO, così che chiunque sia interessato possa prenderne visione (art. 2435 cod. civ) |
|---|---|---|---|

### 7.3.3. Esempio di struttura di governance di un'associazione

Diversamente da quanto avviene nelle società per azioni, in cui il codice civile detta norme molto precise in materia di struttura e di funzionamento degli organi apicali, nelle associazioni (che, vale la pena sottolineare, sono classificabili come aziende di erogazione nonostante il loro soggetto giuridico sia di tipo privato) la legge lascia moltissimo spazio all'autonomia degli associati, cioè delle persone che insieme di persone fisiche o giuridiche (gli associati) legate dal perseguimento di uno scopo comune.

*Figura 7. - Esempio di struttura di governance di un'associazione.*

Nel caso di una fondazione, non è presente l'Assemblea, ma l'atto costitutivo definisce in che modo vengono nominati i vari organi (ad esempio, affidandone la nomina a enti pubblici territoriali o istituzionali, oppure a particolari persone fisiche o a società commerciali).

*7.3.4. Esempio di struttura di governance di un ente pubblico istituzionale*

Per quanto riguarda gli enti pubblici istituzionali, ciascuno di essi è caratterizzato da una particolare struttura di governance, disciplinata nelle sue linee generali dalla norma legislativa o regolamentare che ha istituito l'ente e opportunamente integrata con le prescrizioni dello statuto e dei regolamenti emanati dall'ente stesso, nei limiti della propria autonomia.

La figura che segue riassume una struttura di *governance* piuttosto comune:

*Figura 8. - Esempio di struttura di governance di un ente pubblico istituzionale.*

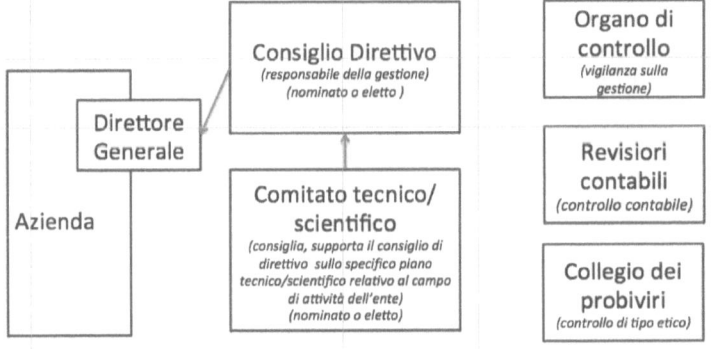

# 8. Il soggetto economico

Si registrano numerose definizioni di soggetto economico, tra le quali si menziona in questa sede, quella fornita dall'Onida: (Onida, 1971).

Il soggetto economico è colui che adotta le *decisioni strategiche*, che determinano gli obiettivi generali dell'impresa. La loro adozione ed esecuzione influenza l'intero sistema aziendale. Infatti, collocate subordinatamente alle decisioni strategiche, abbiamo le decisioni TATTICHE, destinate a influenzare i vari sub-sistemi che formano il sistema aziendale. Esiste poi un terzo livello di decisioni definite decisioni OPERATIVE: si tratta in sostanza di decisioni attuative di quelle sovraordinate.

Riprendendo il pensiero dell'Onida e dell'Amaduzzi, giova sottolineare che la conoscenza del soggetto al quale risale il supremo 'controllo' dell'azienda è spesso necessaria per comprendere i fini che indirizzano l'attività della medesima e per interpretare correttamente la gestione e talora anche la stessa organizzazione.

La considerazione del soggetto nel cui interesse prevalente si svolge l'amministrazione dell'azienda, si manifesta di primaria importanza per gli studi di economia aziendale, anche perché l'individuazione di tale soggetto non sembra che possa coincidere con la determinazione della persona fisica o della persona giuridica per la quale l'azienda appare istituita e retta, nei riguardi giuridici, e che assume i diritti e le obbligazioni che sorgono dalle operazioni (c.d. soggetto giuridico).

Il soggetto economico è qualificato da tre caratteristiche:

Deve avere la volontà di governare l'azienda;

Deve possedere le capacità professionali per gestire l'azienda (deve saper guidare le funzioni di programmazione, controllo, organizzazione e leadership);

Deve disporre del potere di imporre il proprio supremo potere decisionale all'organizzazione, ad esempio in virtù di una legittimazione giuridica (es. il proprietario dell'azienda) o di altro tipo (es. un candidato sindaco che vince le elezioni e può guidare un comune).

Le ultime due, nella sostanza, sono riconducibili al "merito" del soggetto economico, che deve dimostrare di avere effettivamente le capacità necessarie per mantenere la propria posizione.

Non è sufficiente il curriculum vitae di un gestore, ma bisogna vedere come il soggetto opera in una specifica organizzazione, dal momento che ogni azienda ha proprie finalità, propri obiettivi, proprie dinamiche.

Giova sottolineare che l'identificazione del soggetto economico sfugge a definizioni di carattere generale: anche in aziende apparentemente simili, tale ruolo può essere ricoperto da soggetti che ricoprono posizioni diverse.

Nelle imprese di minori dimensioni, generalmente, il soggetto economico è il proprietario-gestore dell'impresa.

Nelle grandi imprese aperte, di solito, il soggetto economico può essere costituito da un ristretto gruppo di persone, tra le quali si possono collocare, ad esempio, l'azionista di riferimento (se presente), l'amministratore delegato e i manager che guidano le funzioni chiave dell'azienda (es. direttore finanziario, direttore produzione, ...) .

Particolarmente interessante è il caso dei gruppi aziendali, che si caratterizzano per la presenza di un soggetto economico unico a fronte dell'esistenza di una pluralità di distinti soggetti giuridici. Si pensi, in particolare, ai gruppi multinazionali, nei quali è frequente che, a fronte di una struttura del gruppo eccezionalmente articolata, con decine e perfino centinaia di veicoli giuridici opportunamente istituiti nei singoli paesi in cui opera il gruppo, si evidenzi una direzione strategica unitaria e centralizzata.

Ben più complessa è l'individuazione del soggetto economico nelle aziende di erogazione e, soprattutto, nelle aziende pubbliche. Ad esempio, in un comune, il soggetto economico è di norma identificabile nel Sindaco ed eventualmente anche negli assessori e nei dirigenti più importanti. In un'associazione, invece, il soggetto economico potrebbe essere identificato nel Presidente nominato dall'Assemblea, unitamente ad alcuni consiglieri particolarmente influenti.

## 9. Il conflitto e l'equilibrio dei diversi interessi che influiscono sulle decisioni aziendali: il ruolo centrale del soggetto economico

Le decisioni aziendali sono il punto di convergenza di diversi interessi che possono tra loro collimare o essere in opposizione gli uni agli altri.

Tutti i soggetti, interni ed esterni, interessati a qualsiasi titolo all'andamento di un'azienda vengono definiti comunemente *stakeholder* (lett. "detentori di una scommessa")[44].

Una fondamentale tassonomia degli interessi che confluiscono nelle decisioni dell'azienda viene fornita dall'Amaduzzi[45], il quale, pur concentrandosi specificamente sulle decisioni inerenti le

---

[44] Il termine *stakeholder* è ormai ampiamente utilizzato da tutte le scienze sociali. Vale la pena ricordare che la sua origine si colloca negli anni '80 nel contesto degli studi statunitensi di management, particolarmente focalizzati sul mondo delle imprese. All'epoca, al centro dell'attenzione degli studi di management c'erano prevalentemente gli interessi degli azionisti, detti *shareholder* (lett. "detentori di una quota del capitale"), e il loro rapporto con i *manager*. La stessa scelta di un termine molto simile a quello utilizzato per gli azionisti si collegava al fatto che la teoria degli *stakeholder* si poneva, sin dall'inizio, l'obiettivo di guardare a tutti i soggetti che hanno un interesse nei confronti dell'azienda, cioè ad una categoria molto più ampia rispetto ai soli azionisti. Per un approfondimento dell'argomento, si segnala un'interessante raccolta di contributi sulla teoria degli *stakeholder*, tradotti in italiano (Freeman, Rusconi, & Dorigatti, 2007).

[45] (Aldo Amaduzzi, 1957).

valutazioni di bilancio[46], propone una classificazione che può certamente ritenersi generale e tuttora di grande attualità[47].

Lo Studioso effettua una fondamentale distinzione tra:

- interessi «oggettivi», «che sono dettati dalla necessità di mantenimento delle condizioni di equilibrio aziendale, ed in genere dalla necessità del buon governo dell'azienda»;

- interessi «soggettivi», cioè «quelli che fanno capo a persone o a gruppi di persone che prestano la loro opera nell'azienda o che, dal di fuori, si interessano del posto che l'azienda può occupare nel sistema sociale. Sono interessi, questi ultimi, che non hanno il loro fondamento in un fenomeno oggettivo dell'azienda, (…), ma nelle vedute e nelle aspirazioni di persone», «avulse da una logica oggettiva ma intonate ad esigenze di classi, di persone».

Nel chiarire la differenza tra interessi oggettivi dell'azienda e interessi soggettivi, l'Amaduzzi precisa che gli interessi obiettivi dell'azienda sono sempre «curati da persone» e che «le stesse persone, insieme ad altre, protagoniste dirette od indirette del mondo aziendale, possono avere loro interessi particolari da porre in giuoco nell'amministrazione dell'azienda, (…) interessi che possono non essere in contrasto con quelli obiettivi (…), ovvero che possono essere in contrasto, almeno immediato, con gli interessi obiettivi».

Egli sottolinea altresì che «gli interessi che giuocano in equilibrio od in conflitto tra loro, possono poi essere spaziali e temporali, a seconda che il loro peso venga avvertito nella simultaneità o nella

---

[46] Si ricordi che, all'epoca, in assenza di criteri di valutazione codificati come gli attuali, la redazione del bilancio presentava ambiti di discrezionalità molto rilevanti per gli amministratori.

[47] Lo stesso Amaduzzi osserva: «I vari gruppi di interessi influiscono, secondo le proprie esigenze, sulla condotta unitaria dell'amministrazione aziendale e cioè, prima che sui processi della rilevazione economico amministrativa (conti e bilanci), sulle operazioni della gestione e sugli accorgimenti dell'organizzazione», (Aldo Amaduzzi, 1957), p. 18.

successione del tempo».

La tassonomia proposta dall'Amaduzzi può essere rappresentata nel modo seguente:

*Figura 9. Interessi che influiscono sulle decisioni dell'impresa*[48]

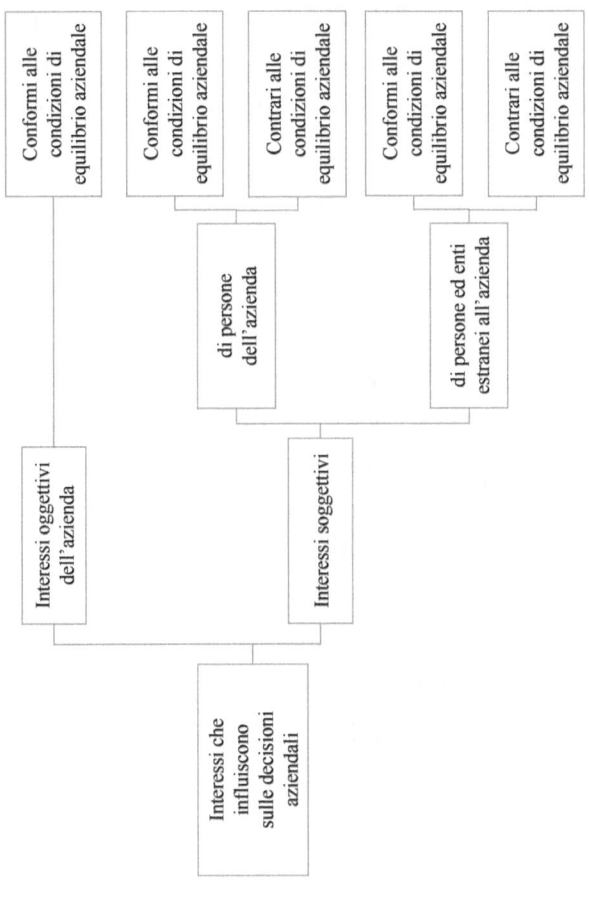

[48] Elaborazione dello schema proposto dall'Amaduzzi. *Ibidem*, p.17

In proposito, si sottolinea l'importanza del concetto di «equilibrio aziendale», che oltre a qualificare gli interessi «oggettivi», rappresenta un fondamentale elemento di distinzione dei vari interessi soggettivi che intervengono sulle decisioni d'impresa.

Nelle imprese, l'equilibrio aziendale poggia sulle fondamentali condizioni dell'«equilibrio economico», da intendersi come l'attitudine della gestione aziendale a generare, almeno nel medio-lungo termine, un flusso di ricavi che sia in grado di rimunerare tutti i fattori produttivi posti in posizione contrattuale e di lasciare un congruo margine per la remunerazione anche del fattore produttivo posto in posizione residuale, e della «realizzazione di un'adeguata potenza finanziaria», cioè la capacità di coprire pienamente, continuamente e convenientemente il fabbisogno finanziario collegato ai tempi di attesa, più o meno lunghi, necessari per conseguimento degli sperati frutti economici della gestione[49].

Nelle aziende di erogazione, invece, il concetto di equilibrio aziendale può identificarsi nel raggiungimento delle finalità istitutive dell'azienda, con il conseguimento di livelli di efficienza tali da consentire il rispetto dei vincoli dell'economicità (la cui violazione metterebbe in dubbio la sopravvivenza dell'azienda).

Il concetto di equilibrio aziendale definisce il fondamentale criterio dell'economicità, che consente di giudicare la convenienza a iniziare e/o a continuare una certa iniziativa/attività imprenditoriale, nonché la validità economico finanziaria dei progetti di investimento[50]

I diversi interessi soggettivi che intervengono nelle decisioni

---

[49] Cfr. (Onida, 1971) , pp. 55-62 e (Zanda, 2004, cap. IX).

[50] Cfr. (Zanda, 2004, cap. IX). Sul criterio di economicità si rinvia a: (Aldo Amaduzzi, 1978, pp.192-215; Borgonovi, 1984, p. 25 e 79; Brunetti, 1994, p.174 e ss.; Cassandro, 1980, vol. II, Cacucci, Bari, 1980; Masini, 1979, p. 240 e ss.; Onida, 1966, p.. 205 e ss.).

aziendali, siano essi di persone interne all'azienda ovvero di persone o enti esterni, possono essere ispirati ad obiettivi conformi o contrari alla salvaguardia e al miglioramento dell'equilibrio aziendale e possono pertanto indurre comportamenti ispirati o meno al criterio dell'economicità aziendale.

Riprendendo lo schema precedente e concentrando l'attenzione sui soli interessi soggettivi, si può ottenere lo schema che segue:

*Figura 10. Classificazione degli interessi che influiscono su una decisione aziendale.*

|  | Persone interne | Persone esterne |
|---|:---:|:---:|
| Pressioni conformi all'interesse aziendale | ... | ... |
| Pressioni contrarie all'interesse aziendale | ... | ... |

Per ogni decisione da prendere, le varie persone che hanno un interesse (più o meno legittimo sul piano formale) e che esercitano delle pressioni affinché la decisione si in linea con il loro interesse (più o meno potenti a seconda della loro posizione e della loro influenza) possono essere collocate nei quattro quadranti dello schema.

In tale contesto, assume rilevanza fondamentale il ruolo del soggetto economico, cioè, come detto, «la persona o il gruppo di persone che di fatto ha ed esercita il supremo potere nell'azienda, subordinatamente solo ai vincoli d'ordine giuridico e morale ai quali deve o dovrebbe sottoporsi»[51].

---

[51] (Onida, 1971), p. 22. Tra i numerosi contributi dedicati al soggetto economico,

Il soggetto economico, che detiene la capacità, la volontà e il potere di governare l'azienda[52], è il massimo artefice del comportamento aziendale e, nelle proprie decisioni, si trova a tenere conto dei molteplici interessi che gravitano intorno all'azienda[53].

Come osservato dall'Amaduzzi, «l'individuazione del soggetto economico è indispensabile per intendere i motivi informatori delle operazioni economiche che a lui fanno capo e per rendersi conto di andamenti della gestione amministrativa che non potrebbero essere altrimenti compresi»[54].

Gli interessi del soggetto economico non necessariamente coincidono con gli interessi oggettivi dell'azienda. I giudizi di

solo a titolo indicativo, si possono menzionare i seguenti: (Airoldi, Brunetti, & Coda, 1994, p. 94 e ss.; Aldo Amaduzzi, 1978, p.65 e ss.; Bertini, 1995; Ferrero, 1968, p. 48 e ss.; Giannessi, 1979, p. 48 e ss.; Masini, 1979, p. 41 e ss.; Saraceno, nona edizione, 1978, p. 45 e ss.; Zanda, 2004, cap. VI; Zappa, 1957, vol. II, p. 86 e ss.) Per una possibile sistematizzazione delle diverse definizioni del soggetto economico elaborate dalla dottrina economico-aziendale si veda: (Cavalieri & Ranalli, 1999), capp. 13-14.

[52] (Zanda, 2004), p. 120.

[53] Sottolinea il Bruni, con un osservazione riferibile anche alle aziende di erogazione: «il soggetto economico volitivo, oltre che per tutelare il proprio interesse e quello oggettivo dell'impresa, si trova ad essere scomodamente arbitro di un sistema di forze dirompenti e centrifughe che, se non accuratamente composte ed equilibrate, possono seriamente compromettere le condizioni di esistenza dell'impresa». (Bruni, 1999), p. 27.

[54] (Aldo Amaduzzi, 1978), p. 65. Sottolinea inoltre l'Amaduzzi: «*La considerazione del soggetto nel cui interesse prevalente si svolge l'amministrazione dell'azienda, si manifesta di primaria importanza, nei nostri studi, anche perché l'individuazione di tale soggetto non sembra che possa coincidere con la determinazione della persona fisica i della persona giuridica, per la quale l'azienda appare istituita e retta, nei riguardi giuridici, e che assume i diritti e le obbligazioni che sorgono dalle operazioni». Ibidem*, p. 66.

Lo stesso concetto viene affermato dall'Onida: «La conoscenza del soggetto al quale risale il supremo 'controllo' dell'azienda è spesso necessaria per comprendere i fini che indirizzano l'attività della medesima e per interpretare correttamente la gestione e talora anche la stessa organizzazione. Tale soggetto, mentre da un lato ha il pieno controllo dell'azienda, dall'altro – come si è visto - può non assumere per intero e talora neanche parzialmente il rischio patrimoniale. Questa condizione non è eccezionale, ma si verifica comunemente, sia pure in vario modo, in imprese private o pubbliche». (Onida, 1971), p. 27.

convenienza economica formulati dallo stesso, infatti, potrebbero discostarsi dal criterio di economicità aziendale, ispirato all'equilibrio della specifica azienda, e potrebbero invece considerare un criterio di economicità di tipo super-aziendale, laddove il medesimo soggetto economico riunisca sotto la propria sfera di influenza più entità giuridiche[55], oppure, più semplicemente, il comportamento aziendale potrebbe essere orientato agli interessi soggettivi degli individui che compongono il soggetto economico, indipendentemente dal fatto che essi siano conformi o contrari all'equilibrio aziendale.

Quanto osservato aiuta a comprendere che ciò che più rileva nel valutare la gestione aziendale e le singole operazioni di cui essa si compone è la loro conformità o contrarietà all'interesse obiettivo della singola azienda, che, come anzi detto, corrisponde al mantenimento e al miglioramento della condizione di equilibrio aziendale[56].

Nella pratica, la precisa identificazione delle persone che compongono il soggetto economico, nonché la chiara definizione

---

[55] Sulle peculiari dinamiche del processo decisionale e dei giudizi di convenienza economica delle operazioni tra imprese inserite in un gruppo, ci si limita, in questa sede, a fare rinvio alla vasta letteratura sull'argomento. Tra gli altri: (Azzini, 1975; Brunetti, 1987; Cassandro, 1988; Passaponti, 1994; Sarcone, 2000).
Tra i contributi più recenti, si vedano: (E. D'Amico, 2006; Lai, 2004), p. 199 e ss. Si veda anche: (Di Carlo, 2009)

[56] Osserva il Coda: «*L'unico interesse sovraordinato e condivisibile è l'interesse aziendale alla sopravvivenza nel lungo periodo*». (Coda, 1988), p. 120. Lo stesso Studioso esprime più approfonditamente il concetto come segue: «*l'impresa è un soggetto dotato di un suo fine, che non può in alcun modo confondersi e tanto meno identificarsi con le finalità dei soggetti che detengono il controllo o con i fini di qualsiasi altro soggetto coinvolto nella sua vita. Il suo fine consiste per l'appunto nella realizzazione piena della sua specifica vocazione produttiva al servizio di dati bisogni, in un contesto di regole di mercato e istituzionali che dovrebbero favorire il rispetto per il cliente/utente e l'attenzione alle sue esigenze; il rispetto e la valorizzazione delle risorse tutte – umane, finanziarie, ambientali, infrastrutturali – utilizzate; una economicità di gestione tale da assicurare il funzionamento e lo sviluppo dell'impresa*», (Coda, 1991), p. 10, citato in (A. D'Amico, 1997), p. 73.

degli interessi in conflitto risultano frequentemente obiettivi concretamente non raggiungibili[57]. Sulle difficoltà di identificare il soggetto economico nelle società di capitali osservava già l'Onida: «*Il soggetto economico può restare occulto quando non si conoscano i collegamenti intersocietari dei quali si parla. Per identificare questo soggetto, non basta sapere come siano distribuite le azioni formanti il capitale nominale della società che esercita l'azienda considerata: può essere necessario risalire a lungo, attraverso una rete più o meno districata di partecipazioni fra numerose società, per ritrovare la persona che, stando a capo del gruppo, si trova nella possibilità di controllare anche la particolare società considerata*». (Onida, 1971)

Nello studio delle decisioni aziendali e delle operazioni che ne derivano, indipendentemente dalla complessità delle strutture di governo e dell'intreccio di interessi e di relazioni, non deve mai essere posta in secondo piano l'esistenza di interessi oggettivi della specifica azienda, connessi al mantenimento e al miglioramento delle condizioni di equilibrio aziendale e che definiscono il fondamentale criterio guida dell'economicità aziendale; inoltre, non deve essere sottovalutata l'importanza di tentare di comprendere, per quanto possibile, di quali individui si componga il soggetto economico, siano essi esponenti della proprietà, degli organi societari, della dirigenza ovvero altri soggetti, al fine di comprendere la loro influenza sulle decisioni aziendali e il rischio che queste non si ispirino al criterio

---

[57] Sulle difficoltà di identificare il soggetto economico osservava già l'Onida: «Il soggetto economico può restare occulto quando non si conoscano i collegamenti intersocietari dei quali si parla. Per identificare questo soggetto, non basta sapere come siano distribuite le azioni formanti il capitale nominale della società che esercita l'azienda considerata: può essere necessario risalire a lungo, attraverso una rete più o meno districata di partecipazioni fra numerose società, per ritrovare la persona che, stando a capo del gruppo, si trova nella possibilità di controllare anche la particolare società considerata». (Onida, 1971), p. 27.
Si veda anche (Bruni, 1999), p. 19 e ss.

dell'economicità aziendale.

# 10.Il criterio dell'economicità

L'economicità può essere definita (Onida, 1971; Zanda, 2004) come il criterio che consente di valutare la convenienza di iniziare, modificare, continuare ovvero cessare una certa attività di produzione o di consumo e, in senso più ampio, un'azienda.

E' un criterio che può essere adottato considerando diversi livelli di osservazione:

- a livello di singola azienda: *economicità aziendale*;

- ad un livello più ampio rispetto alla singola azienda: *economicità super-aziendale*.

In questo secondo caso, la valutazione dell'economicità può svolgersi:

- a livello di interi contesti socio-economici: criterio di *macro-economicità*;

- a livello di gruppo aziendale (definibile come una pluralità di soggetti giuridici distinti ma sottoposti al supremo potere decisionale di un unico soggetto economico): criterio di *economicità di gruppo*.

E' importante sottolineare che il livello più piccolo di riferimento per esprimere giudizi di economicità è costituito dal sistema aziendale in cui l'attività di produzione o di consumo si inserisce. Va sempre ricordato, infatti, che «*anche nel solo aspetto economico, ogni*

83

*operazione acquista il suo pieno significato unicamente nel sistema di gestione che la esprime, nel contesto economico che la regge. Ogni operazione, invero, riflette in se stessa, più o meno vivamente, l'unità e l'unicità dell'azienda nella quale ha vita. In un certo senso, si potrebbe dire, con immagine forse non eccessivamente ardita, che in ogni operazione dell'azienda è tutta l'azienda, come in ogni atto dell'uomo è tutto l'uomo. Vana sarebbe quindi la pretesa di studiare le operazioni di gestione nel loro significato economico, dimenticando o ignorando l'azienda, nella sua complessa e dinamica economia».* (Onida, 1971).

L'economia aziendale, identificando nell'azienda il fulcro dei propri studi, si concentra soprattutto sull'economicità aziendale, ma non devono essere trascurati i profili di grande interesse delle più ampie dimensioni dell'economicità.

Nell'ambito delle aziende pubbliche, in particolare, è fondamentale non perdere di vista il quadro complessivo in cui si inserisce l'azione della singola amministrazione. Non possono infatti formularsi validi giudizi di economicità dimenticando totalmente che le singole aziende di cui si compone il sistema della PA non possono muoversi in modo eccessivamente disgiunto e disarmonico (si pensi alle regioni/province/comuni confinanti che agiscono in totale competizione tra loro anziché nell'alveo di un disegno unitario, così come ai conflitti tra amministrazioni pubbliche che producono gli stessi servizi pubblici: ospedali diversi nello stesso territorio, azione della polizia e dei carabinieri, …) .

Allo stesso modo, nel mondo delle imprese, sono sempre più numerose le situazioni in cui le valutazioni di economicità aziendale perdono di significato in favore di valutazioni di economicità di gruppo, alla luce dello straordinario sviluppo del fenomeno dei gruppi aziendali, ormai ampiamente riconosciuti anche dal legislatore[58], alcuni dei quali arrivano a riunire sotto il medesimo soggetto economico centinaia di distinte società, spesso prive di sostanziale autonomia decisionale.

Approfondendo il criterio dell'economicità aziendale, occorre ricordare che le tradizionali definizioni si concentrano soprattutto sulle aziende di produzione per il mercato, cioè sulle imprese. In particolare, si deve all'Onida una tra le più ampie e approfondite trattazioni del criterio dell'economicità dell'impresa (Onida, 1966, 1971).

Riprendendo il pensiero dell'Onida e tentando, assai deferentemente, di generalizzare la nozione di economicità anche alla più eterogenea classe delle aziende di erogazione (pubbliche e private)[59], potremmo riformulare le due condizioni fondamentali dell'economicità aziendale – equilibrio economico e realizzazione di un'adeguata potenza finanziaria (Zanda, 2004) – nel modo che segue.

La condizione di equilibrio economico nelle aziende in generale può essere definita come la capacità dell'azienda di raggiungere le proprie finalità istitutive (in un orizzonte temporale di lungo-lunghissimo termine) e di realizzare i propri obiettivi strategici (in un orizzonte di medio-lungo termine).

Se questa condizione non si verifica, chi ha il potere di prendere le decisioni sulle attività di produzione e di consumo dell'azienda, dovrebbe adottare le opportune decisioni atte a modificare l'attività collocandola nel solco dell'economicità aziendale, ovvero – qualora

---

[58] Si pensi alla crescente importanza assegnata al bilancio consolidato, nonché alla disciplina della c.d. direzione e coordinamento, introdotta nel 2003 agli artt. 2497 e ss. del codice civile.

[59] Sugli aspetti caratterizzanti la gestione delle aziende di erogazione: (Onida, 1971), p. 258 e ss.

verifichi l'impossibilità di pervenire al necessario allineamento tra finalità istitutive, obiettivi strategici e azione - di cessare quanto prima l'attività aziendale.

Nelle imprese, tale condizione fondamentale si traduce nella capacità di generare, attraverso la combinazione produttiva e la vendita sul mercato dei prodotti ottenuti, un flusso di ricavi capace di remunerare tutti i fattori produttivi posti in posizione contrattuale (copertura integrale dei costi di produzione), lasciando anche un congruo margine di remunerazione per gli apportatori dei fattori posti in posizione residuale (normalmente si tratta degli azionisti che detengono il capitale di rischio).

Nelle aziende di erogazione, stante l'assenza di un vero e proprio mercato di sbocco e della peculiare fase di erogazione che sostituisce la vendita sul mercato, sembrerebbe preferibile non tradurre la condizione di equilibrio economico in termini di ricavi e costi (più correttamente, si parla di proventi e rendite per quanto concerne le componenti positive dell'equilibrio economico e di spese e oneri per quanto concerne le componenti negative dell'equilibrio economico).

Si tratterebbe di semplificazioni accettabili in una primissima fase di avvicinamento allo studio dell'economia delle aziende di erogazione, ma rischia di far perdere di vista l'enorme differenza tra il concetto di redditività della gestione e il diverso concetto di valore creato mediante la produzione.

Si pensi alle aziende pubbliche: i proventi derivano prevalentemente da tributi (imposte, tasse e tariffe), che vengono decise di norma in regime di monopolio e si abbattono inesorabilmente sui soggetti passivi nella misura richiesta dalle esigenze della gestione, secondo meccanismi di quantificazione particolarmente complessi che esulano dagli studi di economia aziendale.

In senso più generale, si potrebbe ricondurre l'equilibrio

economico al rapporto tra il valore dei beni e servizi prodotti e il valore delle risorse consumate per la produzione di tali beni e servizi (adottando una concezione ampia di valore creato e di utilità consumata, che superi la mera dimensione contabile).

La seconda condizione dell'economicità è la realizzazione di un' adeguata potenza finanziaria. Tale condizione deve intendersi come funzionale alla prima, ma è altrettanto indispensabile.

Mentre l'equilibrio economico attiene alla gestione indagata nel suo aspetto economico, la potenza finanziaria dell'azienda attiene all'aspetto monetario e finanziario della gestione.

E' necessario prima di tutto fare riferimento al c.d. *fabbisogno finanziario* della gestione, che si ricollega, in estrema sintesi, alla discrasia temporale tra le uscite monetarie e finanziarie che devono essere sostenute dall'azienda per attivare e portare avanti i propri processi produttivi e le entrate monetarie e finanziarie che l'azienda riesce a procacciarsi a vario titolo attraverso la propria attività produttiva.

La realizzazione di un'adeguata potenza finanziaria è una condizione di economicità che accomuna tutte le classi di aziende e si sostanzia (Zanda, 2004) nella capacità di chi gestisce l'azienda di coprire:

- continuamente (condizione che deve essere verificata anche nel breve-brevissimo periodo),

- convenientemente (pagando i minori oneri finanziari possibili, contraendo eventuali finanziamenti al minore tasso di interesse possibile),

- pienamente

il fabbisogno finanziario dell'azienda.

## 11. L'efficienza e l'efficacia della gestione

L'efficienza (Zanda, 2004) è un concetto che qualifica l'economicità: consente di individuare le cause della economicità o della non economicità di un'azienda. Permette, più in particolare, di rilevare le cause del livello dell'economicità e di intervenire al fine di migliorare il grado (livello) dell'economicità.

"L'economicità può essere raggiunta, dall'azienda, su posizioni diverse (di minimo, di massimo o intermedie) riferite a dati risultati o espresse in dati termini quantitativi: posizioni non indifferenti sul piano della convenienza economica, a parte altri aspetti delle concrete scelte d'azienda" (Onida, 1971)[60].

L'economicità aziendale può, pertanto, essere realizzata a livelli

---

[60] pp.69-70. L'Onida precisa che: «In funzione di queste posizioni varia il giudizio circa l'economicità dell'impresa. In condizioni ambientali particolarmente favorevoli, o in virtù di privilegi, un'impresa potrebbe, ad esempio, conseguire, anche per tempo non breve, l'autosufficienza economica, nonostante le più gravi inefficienze e gli errori di una difettosa organizzazione e di una gestione inesperta. Simile impresa, pur raggiungendo l'autosufficienza, non potrebbe dirsi economica o almeno pienamente economica e, in ogni modo, deve giudicarsi meno economica di quanto potrebbe essere (...) Condizione, sempre rilevante, dell'economicità dell'azienda di produzione è costituita dalla «efficienza» di questa nell'attuare i processi economico—tecnici della sua gestione: efficienza espressa, sotto aspetti di comune e fondamentale rilievo, in termini di rendimenti fisico—tecnici dei diversi fattori e dei vari processi impiegati e, più largamente, in termini di costi di produzione e di vendita».

più o meno elevati e la misurazione dell'efficienza serve proprio a valutare il livello dell'economicità e a spiegarne le cause.

L'efficienza ha come indicatori fondamentali :

1.  il rendimento fisico-tecnico dei fattori produttivi (chiamato anche produttività fisico-tecnica);

2.  i costi, che possono essere intesi come consumo di utilità a servizio della produzione .

Il livello dei rendimenti e dei costi non può essere valutato in senso assoluto, ma deve sempre essere oggetto di confronti nel tempo (stessa azienda/stesso processo esaminato in tempi diversi) e nello spazio (confronto di aziende/processi comparabili).

Rendimenti, costi, efficienza ed economicità presentano le seguenti relazioni fondamentali:

-   Se aumentano i rendimenti, aumenta l'efficienza e aumenta il livello di economicità;
-   Se diminuiscono i rendimenti, diminuisce l'efficienza e diminuisce il livello di economicità;
-   Se aumentano i costi, diminuisce l'efficienza e diminuisce il livello di economicità;
-   Se diminuiscono i costi, aumenta l'efficienza e aumenta il livello di economicità.

Il controllo dei costi (Onesti, 1986) può avvenire a vari livelli:
- a livello di sistema aziendale;
- a livello di sub-sistemi aziendali;
- a livello di oggetti più specifici (es. singoli prodotti e processi).

Allargando il campo di osservazione anche alle aziende di erogazione, nelle quali sia le risorse consumate che il valore della produzione presentano difficoltà di misurazione e valutazione ben maggiori che nelle imprese, l'efficienza può essere definita, più in generale, come l'attitudine dell'azienda a perseguire le proprie finalità istituzionali e i propri obiettivi strategici in condizioni di alti rendimenti e di bassi oneri/costi unitari.

Occorre precisare, comunque, che l'analisi degli oneri deve essere svolta "a parità delle altre condizioni" (coeteris paribus). Infatti, se la riduzione degli oneri comporta nello stesso tempo un peggioramento della qualità dei servizi offerti o una riduzione dei livelli di produzione, non si può concludere che l'efficienza sia migliorata. Per potere affermare ciò, gli standard qualitativi e quantitativi dei servizi offerti non devono peggiorare.

In tale ottica, non si deve confondere un miglioramento dell'efficienza con un taglio generalizzato degli oneri, che potrebbe determinare un peggioramento degli standard dei servizi offerti.

La riduzione dei costi deve sempre trovare un vincolo insuperabile nella salvaguardia della condizione di equilibrio economico, intesa nel suo senso più generale di raggiungimento delle finalità istituzionali nel lungo-lunghissimo periodo e di realizzazione degli obiettivi strategici nel medio periodo.

Le analisi dell'efficacia della gestione mettono a confronto i risultati ottenuti dalla gestione rispetto alle finalità e agli obiettivi prefissati.

L'efficacia può assumere due principali significati: il primo attiene alla "dimensione interna" dell'azienda e l'altro riguarda la sua "dimensione esterna".

L'efficacia "gestionale" o "interna" misura la capacità di una certa unità organizzativa aziendale (ufficio, servizio, ecc.) di conseguire gli obiettivi ad essa assegnati. Tale concetto di efficacia, nonostante la sua parzialità e l'orientamento al breve periodo , assume grande importanza ai fini gestionali, dal momento che consente di misurare e valutare il grado di allineamento dei comportamenti individuali rispetto al conseguimento degli obiettivi aziendali.

L'efficacia "strategica" o "esterna" è intesa come l'attitudine del sistema azienda a soddisfare i bisogni dei soggetti nel cui interesse esso è costituita e gestita. Riprendendo la precedente definizione generale di equilibrio economico, l'efficacia strategica può essere qualificata come una misura del grado di realizzazione dell'equilibrio economico.

Da ultimo, si osservi che i concetti di efficacia interna ed esterna tendono a coincidere se vi è coerenza tra bisogni da soddisfare e gli obiettivi assegnati alle varie unità organizzative. In questo caso, infatti, se si conseguono gli obiettivi (efficacia interna) vengono soddisfatti anche i bisogni (efficacia esterna).

Nelle aziende di erogazione, le valutazioni di efficacia devono essere anteposte alle valutazioni dell'efficienza. Si pensi al caso della sanità pubblica: nonostante il livello dell'efficienza presenti notevoli aree di miglioramento, sarebbe inaccettabile, perché contraria al principio dell'equilibrio economico, la decisione di perseguire una riduzione dei costi che andasse a ridurre il servizio prodotto al di sotto dei requisiti di qualità e di quantità ritenuti accettabili.

# Bibliografia

Airoldi, G., Brunetti, G., & Coda, V. (1994). *Economia aziendale*. Bologna: Il mulino.

Amaduzzi, A. (1957). Conflitto ed equilibrio di interessi nel bilancio dell'impresa. Bari: Cacucci.

Amaduzzi, A. (1972). Il sistema aziendale ed i suoi sottosistemi. *Rivista Italiana di Ragioneria e di Economia Aziendale*(1), 3-8.

Amaduzzi, A. (1978). L'azienda nel suo sistema e nell'ordine delle sue rilevazioni (terza edizione aggiornata). Torino: UTET.

Amaduzzi, A. (2004). *Storia della Ragioneria*. Milano: Giuffrè.

Angiola, N. (2001). Alcune riflessioni sull'impresa come sistema aperto alla luce del recente dibattito sulla corporate governance. *Rivista Italiana di Ragioneria e di Economia Aziendale*(n. 1/2).

Ant. Amaduzzi. (1975). L'analisi dei sistemi nello studio dell'equilibrio aziendale. In AA.VV. (Ed.), *Studi di ragioneria, organizzazione e tecnica economica. Scritti in memoria di Alberto Riparbelli*. Pisa: Cursi.

Azzini, L. (1975). *I gruppi aziendali*. Milano: Giuffré.

Bertini, U. (1969 (ult. ed. 1987 per i tipi della Giuffré)). *Introduzione allo studio dei rischi in Economia Aziendale*. Pisa: Cursi.

Bertini, U. (1980). Caratteristiche sistematiche dell'azienda moderna. *Banca Toscana. Studi e informazioni.*(8-9, anno III,).

Bertini, U. (1990). *Il sistema d'azienda. Schema di analisi.* Torino: Giappichelli.

Bertini, U. (1995). *Scritti di politica aziendale.* Torino: Giappichelli.

Borgonovi, E. (1984). Introduzione all'economia delle amministrazioni pubbliche. Milano: Giuffré.

Borgonovi, E. (1996). Principi e sistemi per le amministrazioni pubbliche. Milano: Egea.

Brunetti, G. (1987). Le tipologie di gruppo e la pianificazione aziendale. In Aa.Vv (Ed.), *Scritti in onore di Domenico Amodeo.* Milano: Giuffrè.

Brunetti, G. (1994). L'economicità il reddito e il capitale. In G. Airoldi, G. Brunetti, & V. Coda (Eds.), *Economia Aziendale.* Bologna: Il Mulino.

Bruni, G. (1999). Contabilità per l'alta direzione. Il processo informativo funzionale alle decisioni di governo d'impresa (seconda edizione aggiornata). Milano: Etas Libri.

Caramiello, C. (1993). L'azienda, alcune brevi riflessioni introduttive. Milano: Giuffrè.

Caselli, L. (1966). Teoria dell'organizzazione e processi decisionali nell'impresa. Torino: Giappichelli.

Cassandro, P. E. (1979). *Le aziende. Principi di ragioneria.* Bari: Cacucci.

Cassandro, P. E. (1980). Sul concetto di economicità aziendale. *Scritti Vari (1929-1990).*

Cassandro, P. E. (1988). *I gruppi aziendali.* Bari: Cacucci.

Cavalieri, E. (1995). *Variabilità e strutture d'impresa.* Padova: Cedam.

Cavalieri, E. (2009). Relazione Gruppo di Studio "Oggetto" La ragioneria e l'economia aziendale: dinamiche evolutive e prospettive di cambiamento. Primo Convegno Nazionale della Società italiana dei docenti di Ragioneria e di Economia Aziendale (Siena, 8-9 maggio 2008). Milano: FrancoAngeli.

Cavalieri, E., & Ranalli, F. (1999). Economia Aziendale. Vol. II Aree funzionali e governo aziendale. Torino: Giappichelli.

Coda, V. (1988). L'orientamento strategico dell'impresa. Torino: UTET. Relazione presentata al seminario svoltosi a Milano l'11 maggio 1991 presso il Mediocredito Lombardo, (1991).

Coronella S. & Laghi E. (2015). Le nostre radici. Il pensiero economico-aziendale alla metà del Novecento. Roma: Rirea.

D'Amico, A. (1997). La funzione armonizzatrice degli interessi convergenti nell'impresa. Torino: Giappichelli.

D'Amico, E. (2006). *Economia dei gruppi aziendali*. Padova: Cedam.

Dewey, J. (1936 (disponibile online sul sito www.archive.org)). How we think. Boston: D.C. Heath and co.

Dewey, J. (1938 (disponibile online sul sito www.archive.org)). *Logic, the Theory of Inquiry*. New York: Henry Holt and company.

Dezzani, F. (1971). *Rischi e politiche d'impresa*. Milano: Giuffré.

Di Carlo, E. (2009). *I gruppi aziendali tra economia e diritto*. Torino: Giappichelli.

Di Lazzaro, F. (1990). Il rischio aziendale. I modi per il suo fronteggiammento. Milano: Giuffré.

Ferrero, G. (1968). *Istituzioni di economia d'azienda*. Milano: Giuffè.

Ferrero, G. (1987). *Impresa e management*. Milano: Giuffrè.

Fontana, F. (1981). *Il sistema organizzativo aziendale*. Milano: Franco Angeli.

Freeman, R. E., Rusconi, G., & Dorigatti, M. (Eds.). (2007). *Teoria degli stakeholder*. Milano: Franco Angeli.

Garzella, S. (2000). I confini dell'azienda. Un approccio strategico.

Milano: Giuffrè.

Giannessi, E. (1960). *Le aziende di produzione originaria*. Pisa: Cursi.

Giannessi, E. (1969). Considerazioni critiche intorno al concetto di azienda. In AA.VV. (Ed.), *Scritti in onore di Giordano Dell'Amore. Saggi di discipline aziendali e sociali*. Milano: vol. I, Giuffrè.

Giannessi, E. (1979). Appunti di economia aziendale con particolare riferimento alle aziende agricole. Pisa: Pacini.

Giannessi, E. (1980). I precursori in Economia aziendale (IV ed.). Milano: Giuffrè.

Golinelli, G. M. (2000). L'approccio sistemico al governo dell'impresa. Padova: Cedam.

Grossman, S. J., & Stiglitz, J. E. (1976). Information and competitive price systems. *American Economic Review, 66*, 246-253.

Grossman, S. J., & Stiglitz, J. E. (1980). On the impossibility of informationally efficient markets. *American Economic Review, 70*, 393-408.

Lai, A. (2004). Paradigmi interpretativi dell'impresa contemporanea. Teorie istituzionali e logiche contrattuali. Milano: FrancoAngeli.

March, J. G., & Simon, H. A. (1966). *Teoria dell'organizzazione*. Milano: Edizioni di comunità.

Masini, C. (1979). *Lavoro e risparmio*. Torino: UTET.

Mella, P. (1999). I sistemi di controllo. Dal systems thinking alla disciplina del controllo. Milano: Franco Angeli.

Onesti, T. (1986). L'efficienza dell'impresa privata e il ruolo del management: alcune considerazioni critiche. In Aa.Vv (Ed.), *Efficienza dell'impresa privata e pubblica: il ruolo del dottore commercialista*. Roma: Buffetti.

Onesti, T. (2002). Appunti delle lezioni di metodologie e determinazioni quantitative d'azienda (Vol. 1). Contabilità e Bilancio.

Teoria e pratica. Foggia: Grenzi.

Onesti, T. (2004). Il contributo degli studi economico-aziendali alle scienze giuridiche. In G. Comandé & G. Ponzanelli (Eds.), *Scienza e diritto nel prisma del diritto comparato. Atti del Convegno tenutosi a Pisa il 22/24 maggio 2003*. Torino: Giappichelli.

Onesti, T., Romano, M., Taliento, M. (2016), Finalità, principi e comportamenti contabili alla luce delle teorie, delle norme e degli standard nazionali e internazionali. Torino:Giappichelli

Onida, P. (1951). Le discipline economico-aziendali: oggetto e metodo. Milano: Giuffrè.

Onida, P. (1966). L'economicità dell'impresa. In AA.VV. (Ed.), Studi di Tecnica economica, Organizzazione e Ragioneria pubblicati in memoria del prof. Gaetano Corsani. Pisa: Cursi.

Onida, P. (1971). *Economia d'azienda*. Torino: UTET.

Paganelli, O. (1976). *Il sistema aziendale*. Bologna: Clueb.

Passaponti, B. (1994). I gruppi e le altre aggregazioni aziendali. Milano: Giuffré.

Pieri, V. (2009). Il processo decisionale nelle operazioni con parti correlate. Analisi economico- aziendale alla luce della normativa di riferimento: http://www.consob.it/.

Robbins, L. C. (1932). *Essay on the Nature and Significance of Economic Science*. London: Macmillan and co. (disponibile online sul sito del Ludwig von Mises Institute: www.mises.org).

Saraceno, P. (nona edizione, 1978). *La produzione industriale*. Venezia: Libreria Universitaria Editrice.

Sarcone, S. (1997). L'azienda. Caratteri d'Istituto, Soggetti, Economicità. Milano: Giuffrè.

Sarcone, S. (2000). Gruppi aziendali. Strutture e bilanci consolidati. Torino: Giappichelli.

Sciarelli, S. (1967). *Il processo decisorio nell'impresa*. Padova: Cedam.

Sciarelli, S. (1991). Il sistema d'impresa. Strategie, politiche e tecniche di gestione dell'impresa industriale. Padova: Cedam.

Simon, H. A. (1958). *Il comportamento amministrativo*. Bologna: Il Mulino.

Simon, H. A. (1978). *Rational Decision Making in Business Organizations.* . Stoccolma: Nobel Memorial Lecture (disponibile sul sito della Fondazione Nobel: www.nobelprize.org).

Simon, H. A. (1985). *Causalità, razionalità, organizzazione*. Bologna: Il Mulino.

Superti Furga, F. (1971). Osservazioni sulla logica operativa dei sistemi aziendali integrati. Milano: Giuffré.

Tessitore, A. (2009). Relazione Gruppo di Studio "Metodo" La ragioneria e l'economia aziendale: dinamiche evolutive e prospettive di cambiamento. Primo Convegno Nazionale della Società italiana dei docenti di Ragioneria e di Economia Aziendale (Siena, 8-9 maggio 2008). Milano: FrancoAngeli.

Von Bertalanffy, L. (1968). General System Theory. Foundations, Development, Applications. New York: Braziller.

von Neumann, J., & Morgenstern, O. (1947). *Theory of games and economic behavior* Princeton: Princeton University Press.

Zanda, G. (1974). La grande impresa. Caratteristiche strutturali e di comportamento. Milano: Giuffrè.

Zanda, G. (2004). *Lineamenti di economia aziendale*. Roma: Kappa.

Zappa, G. (1927). Tendenze nuove negli studi di ragioneria. Discorso inaugurale dell'Anno Accademico nel Regio Istituto Superiore di Scienze Economiche e Commerciali di Venezia: Istituto Editoriale Scientifico.

Zappa, G. (1957). Le produzioni nell'economia delle imprese. Milano: Giuffrè.